字典有

明清遺緒未真覺

學子必讀

論語別裁待商榷（之一）

于棟軒／著

小心求證？欺世盜名！自毀長城，洋奴犬鷹。

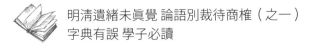

序言

　　對儒家的核心思想仁義孝弟與孔子被徹底誤解而渾然不覺，卻氣勢洶洶地打倒了孔家店的革命鬥士，與威風凜凜地挑戰風車的唐吉訶德的智能不分軒輊。眞正讀懂了《論語》就不難發現，至今還沒有人能夠超越孔子，以大公無私的犧牲精神，對古代禮運大同社會福利的巨大奉獻！打倒孔家店，只能悲哀地把自己埋葬在歷史的狗屎堆裡遺臭萬年。

　　因爲《新華字典》以朱熹先生「善事兄長爲弟」的錯解，誤導了實施孝道教育的香港人的子女，失去了應對社會問題的教育理念。豈不知，孔子對世人如何游刃自如地處理社會問題，早已有了精準無訛的圓滿答案。

　　衷心感謝發現孝道教育具有非凡成果的香港社會問題的觀察家，孝道教育的強大作用力給了末學的極大啟發！希望拙作能夠回饋給實施了孝道教育的港都之家，在弟道教育指引下，子孫能夠以道德修養光宗耀祖、振興華夏，強國富家、造福天下！

孝道港人成果碩，步入社會無所措；
善事兄長非正解，誤釋弟道宋儒錯。
仁非仁，宜失義，兄妹友愛誤弟意；
互相爭吵大不孝，出入兼修是儒道。
有孝無弟爲截癱，出門在外處世難；
仁德教育啟智賢，家庭幸福國泰安。

于棟軒 癸卯年冬
成稿於 巴西 聖保羅

目錄CONTENTS

情緒智商今始見
弟道教育更超然

　　閱讀擅長觀察社會問題的香港專家的文章時，經常會看到文中對孝道教育的讚美，與對出門在外現存問題的遺憾：

　　「中國人的孩子平時在家的表現，較之沒有孝道教育家庭的孩子好得多；可是當他們出門在外的時候，其表現就完全不是一回事。」

　　非常佩服處於中西文化交匯點上，卻能夠非常理智地明辨是非，以傳統文化教育子女的香港人的英明抉擇。在西方文化早已成為時代的寵兒，幾乎是人人都在以其馬首是瞻的情況下。眾多明智的香港人依然能夠，不受被視爲主流的西方文化所迷惑；不被鼓吹不要兒子孝的胡適所誤導。理性地運用古代中國文化的特色教育子女，並能從中獲益的可喜成果。令人從無遠弗屆的傳統文化教育的成效中，感受到古人教育的優越性！

　　「不怕不識貨，就怕貨比貨」，也只有在香港這樣的中西方教育壁壘分明的大都市，才能夠明顯地比較出兩種不同文化的巨大差

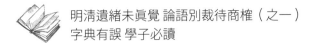

別。對於盲目地媚外者來說，就需要香港這樣敏銳的社會事務觀察家，以毋庸置疑的事實說話，才能夠堵得住誤導國人教化，崇洋媚外的邪見者顛倒是非的歪嘴巴。

如今西方人提出的情緒智商，大有使中國人趨之若鶩的勢頭。而香港人所發現的孝道教育出現的問題，並非儒家思想的教育體系本身存在著何種缺陷，需要現代人按照西方文化的情緒智商予以補充加強其理念。因爲宋儒等專家徹底扭曲，孔子在《論語》中所建立的出門在外的修行布局，以至於完美教育被抹殺得蕩然無餘。豈不知具有非學而知之能力的孔子，早已爲人類的修行指明了路標，鋪設了前程似錦的光明大道！

孔子不僅爲學子們在家修行指出了超越西方的完美教育，也爲學子出門在外，指出了應對各種複雜的社會問題的修行方式。如果不是宋儒的誤解錯釋，以孝、弟指導弟子在家與進入社會的雙管齊下的教育體系，香港應該早已取得了遠遠超越於西方的，無與倫比的教育成果！

肩負著公正裁決中西方文化同台競技的神聖使命，容許盡情揮灑各自的文化特色的香港這個國際大都市沒有令人失望，香港的社會問題的觀察家，不僅給了我們一個毋庸置疑的亮麗答案，而且也

令人見識到唯我獨尊、生殺予奪的西方上帝的霸權作風，所實施的高高在上地凌駕於人民的獨裁統治，形成了西方的奴隸制度的奴役文化，其所催生的階級鬥爭與強盜殺戮，給西方社會帶來了數千年經久不息的巨大災難！至今這種強權政治的血腥殺戮還在喪心病狂地剝奪著無辜者的寶貴生命，世界人類只能朝不保夕地在永無寧日強盜文化之中苟且偷生。

美國今日的槍擊與種族歧視亂象，黑命貴的濫觴，展現了性向教育激勵的青少年模仿上帝生殺予奪的至高無上，與零元購的肆意瘋搶，已經徹底破滅了依靠民主法治解決社會問題的希望。此外，部分人傾家蕩產的嫖賭，不知自律、鮮廉寡恥地色情淫慾之類的性向教育造成的社會問題，輕者會給妻、子與相關人員帶來無法磨滅的無窮痛苦；重者會引發互相殘殺的悲劇，甚至因而國破家亡者都屢見不鮮，李自成等人就是此類典型的代表人物。

而今雖然未能徹底發揮儒家的人本教育奇跡，能夠發現現存的問題，同樣有引人深思的重大意義！能夠認識到孝道教育無益於解決孩子出門在外所遇到的問題，自然會成為有意發揚古代文化的有心人，尋找解決問題的原動力。通過深入探索就不難發現，孔子除了通過孝道提昇學子的道德文明之外，早已爲學子們擬定了面對進入複雜

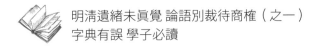
社會，以弟道修養贏得他人的友誼與尊重的修行方式，對於接受了孝道教育的青少年，自然會有應對社會問題的非凡作用與績效。

儒家教育的道德修養，使受教者從小開始就培養起造福人類的崇高理想，才能以「大孝於天下」的願望，建立禮運大同的人間天堂。對於迷戀《聖經》中的威權，喜歡學習先知們標榜的上帝所擁有的那種代表上天，可以隨心所欲地主宰他人生死的青少年。特別是那些膽大妄爲、桀驁不馴者，意圖體驗一番上帝可以爲所欲爲地豪邁審判，唯我獨尊地主宰他人命運的快感，而殺伐由心的槍擊犯，應該會有使之幡然悔悟的巨變。

感謝我們的古聖先賢發明的象形文字，所具有的無與倫比的保眞功能。我們可以毫無困難地由《論語》的原文中，鑑別出後世專家的錯誤解釋，直接從兩千多年前的古籍中找出文章的原意！如果我們的祖先發明的也是，被個別現代專家學者所吹捧得，比象形字「高級」的西方人所用的拼音文字。我們按照朱熹、胡適這些文化學術界的趙高，指鹿爲馬、信口開河地胡說八道，就只能前仆後繼地成爲摧毀卓絕文化的媚外土豪，不辨是非、怙惡不悛地繼續堅持摧毀文化長城的一群無知傻帽！

所以，錢玄同、柏楊等崇洋媚外的半吊子專家所大力鼓吹、

推動的，可以輕而易舉地被自以為是的專家學者顛倒是非於永遠的拼音字母。無論如何容易掌握，也不過是文化落後了數千年的西方人，發明出來的分文不值的短壽垃圾文字工具而已！洋洋自得地徹底摧毀了使用象形字的韓國專家，使韓國人的子孫後代徹底失去了探索古代文化的能力，依靠新興的跛腳文字工具永遠都無法涉獵博大精深、浩瀚無垠的中國文化。

　　否則，發現仁義被誤解錯釋的很可能就是大韓民族的社會菁英。是拋棄象形字的專家，摧毀了他們涉獵高度文明的巨大潛能的發揮渠道。

　　占據著中西文化交匯優勢的港都，能夠準確無誤地發現儒家教育的優越性與不足之處，實在是中國文化不幸中的大幸！而今在回歸正途的「弟道教育」的補強下，必然能夠在世界各地得到發展光大。

　　我們只要重溫《論語》就不難發現，宋儒對古文似是而非的諸多解釋，徹底誤導了歷代學子對《論語》的正確認知。有關「弟道」的人本教育，原文的本意早已蕩然無存。以致於明清至今的中國人錯失了掌握與運用，《論語》中所給出的有關步入社會，如何實施儒家完美的修行方式，解決各種利益之爭引發的生死存亡的社會問題。

　　凡是「孝道」教育已經取得了非凡效果的優秀群體，如果能夠準確無誤地按照《論語》的人本教育的「弟道」修行的話，必然會因爲實施了古人完美無缺、面面俱到的非凡教育，自己的優秀子女在步入社會處世爲人的應對方面，能夠順利地踏上暢通無阻的康莊大道！

　　通過中西方文化無所遁形的強烈對比的驗證下，「弟道教育」必然能夠在世界各地得到發揚光大。香港這顆璀璨奪目的東方明珠，在文化教育方面，也能得天獨厚地成爲人類世界光芒四射、燦爛輝煌的導航燈塔！

　　《論語·學而》篇記述了人本教育的作用：

　　「有子曰：其爲人也孝弟，而好犯上者鮮矣；不好犯上而好作亂者，未之有也。君子務本，本立而道生；孝弟也者，其爲人之本與？」

　　國學大師南懷瑾先生在《論語別裁》裡講道：

　　「什麼叫作『弟』呢？『弟』就是兄弟姊妹的友愛。中國的五倫有君臣、父子、夫婦、兄弟、朋友。……這個『弟』就包括了對兄弟、姊妹，一直到朋友，伸展到社會的友情。」

　　這種解釋是否正確，我們可以再看本篇接下來有關於「弟」道

的說教的記述：

「子曰：弟子入則孝，出則弟，謹而信，泛愛眾，而親仁……」

南懷瑾大師對「弟」的解釋依然沒有擺脫宋、明與清代等學者的誤導：

「……孔子告訴我們說，這個學生『入則孝』，在家裡是個孝子。『出則弟』，出門在外面與兄弟分開了，怎麼弟呢？就是在外面，對朋友、對社會、對一般人能夠友愛，擴而充之愛國家、愛天下……。

……同時又『泛愛眾』，有偉大的胸襟，能夠愛人……對同志的友愛，擴而充之，對其他人的友愛。」

因為「出則弟」與「善事兄長」是無法同時實施的荒謬題，南懷瑾大師看出了這個充滿了矛盾的解釋。為了迎合朱熹而節外生枝、另闢蹊徑地創造歧義，愈發偏離了古人的教育本意。

南懷瑾大師顯然是認同了朱熹先生，「善事兄長」為「弟」的解釋。所以會提到出門在外「怎麼弟」，這一朱熹先生遺留下來的，自相矛盾的幼稚題。問題是，大師對一般人的友愛的解釋，與朱熹先生「善事兄長為弟」的錯誤認知，完全是牛唇不對馬嘴的無

理之譯。

　　把「出則弟」解釋成對朋友等人的友愛，將之與愛國家、愛天下混爲一談，明顯與接下來的「泛愛衆」的教育理念，構成了多此一舉的冠上加冠。

　　被孔子並列在同一段道德教育中，分別用「出則弟」與「泛愛衆」這種不同的詞彙。所表達的是，不同身分與不同對象之間相處時，所應有的恰如其分的處世態度。諸如，在開始步入社會的情況下，要懂得如何謙恭與誠信待人；在具有負責一方的相關條件時，就要進一步做到以子女之心孝敬百姓，以杜絕城管等惡吏當街行兇；教育最終，要使學子達到接近於「仁」的德行。

　　乃是孔子這段文章，層次分明地表達了，在不同的角色下，爲人類社會發揮自己的光與熱的教育理念。

　　南懷瑾大師把孔子制定的兩類不同的修行準則，千篇一律地將之都統統解釋成，「愛天下人」的含義。不僅有違古代文言文有意減重而採用精簡文字的意圖，而且這種組詞方式有，疊床架屋、畫蛇添足的繁複。使人不能不懷疑大師上述解釋的正確性，如果都是表達愛的含義，孔子沒有必要虛耗心力，在沉重的竹簡上刻制諸多文字只爲表述重複的一意！

　　在遇到這種模棱兩可的問題的時候，用以經解經的方式就很容易找到古文的正確答案。

　　這也是南懷瑾大師在其大作《論語別裁》中，所耳提面命的解釋古文的最佳方法。問題是，大多數人在理論方面往往說得頭頭是道，在實際應用方面卻很容易偏離正道，言不由衷地陷入似是而非的認知之中難得其要。結果使得完美的學術「理論」，淪爲徒有其表、百無一用的愚昧說教。

　　我們只要按照書中提供的相關內容詮釋古文，就可以發現孔子所說的弟道精神的內涵，從而準確無誤地予以還原，弟道教育的眞實用意就不難顯現。

　　爲了避免後代世人像大師一樣，對「弟道」修養，誤解爲兄弟間的友愛。孔子特意在《論語・爲政》篇中，鄭重其事地引用了古書的章節，著重強調了古人對孝道的詮釋，指出了兄弟間的團結友愛在孝道中的重要性：

　　「書云：『孝乎，惟孝、友於兄弟』……」

　　在這裡我們可以看到，兄弟姐妹之間的團結友愛，乃是孝道修養中不可或缺的，最爲基本的重要一環。兄弟姐妹間沒有了團結友愛，根本就不可能稱之爲「孝」！試想，兄弟姐妹之間整日爭吵不

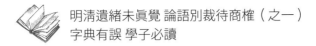
休，令父母寢食不安，其於孝道何有？所以，兄弟姐妹間的團結友
愛，不應該是獨立分割於孝道修養之外。因爲大師將學子原屬於孝道
的應有道德，肆意地轉換爲弟道修行準則，結果難免會大錯而特錯！

　　我們可以毫無疑問地確定，孔子之前的古人，在定義「孝道」
的時候，就非常明確地把兄弟姐妹之間的團結友愛，作爲衡量一個
人是否履行孝道的必要條件了。面對朱熹先生的誤解錯釋，南懷瑾
大師沒有直截了當地予以駁斥，只能想當然地把「出則弟」，解釋
成兄弟姐妹之間，乃至對社會大衆的友愛來忽悠讀者。

　　兄弟之間的團結友愛乃是「入則孝」的道德修養，故古人不可
能再作爲出門後的修行重複宣講。

　　因爲竹書太過沉重的原因，古人必須費盡心血地把「文言文」
構思成世界上最爲精簡的文字語言。爲了刻製尤其是方便學習攜
帶，在正常情況下，絕對不會有拖泥帶水、重復囉嗦的字句出現。

　　既然兄弟姐妹之間的團結友愛，被古人認定爲，「孝道」之中
不可或缺的重要修養。就不可能再作爲出門在外的修行準則，自成
一格地再被單獨提出。大師的解釋，完全是遵循著朱熹的錯誤，敷
衍讀者。

　　孔子在「入」與「出」這兩個字分別提出孝與弟，就意味著

弟道是與孝道並駕齊驅的獨立修養。潛移默化地指導著學子在步入
社會中，發揮著有別於「孝」的固有文明特色。顯然朱熹先生也意
識到了這個問題，所以在解釋「弟道」的時候，才會將之與孝區分
開來。非常遺憾地是，朱熹先生雖然正確地把「弟」分離於孝道之
外，卻錯誤地把「弟」解釋成，弟弟專門對兄長的行為準則：

「善事父母為孝，善事兄長為弟。」

令人難以苟同的是，這種解釋存在著一個難以自圓其說的巨大
缺陷。就是不僅對於身為長兄與獨子，這兩種沒有兄長的人來說，
作為人本的「弟道」修養形同虛設。被古人定性為立身之「本」的
修養，就這樣被朱熹徹底「篡改」為弟弟對兄長的表現，而徹底抹
殺了孔子所建立的人本教育的弟道修養的真實意義。

朱熹先生只能避而不談，徹底略過「出則弟」這一不可抹殺、
無以取代的修行重點。把人人都必須經歷的，離開家門應有的修
養，稀里糊塗地放了羊。朱熹先生莫名其妙地善事兄長，無法自圓
其說於出門在外的注釋上，徹底暴露了對兄長天馬行空地刻意標
榜，純粹是不著邊際地游思妄想。

因為對文化政治能夠明察秋毫的孔子知道以在家行孝的方式，
無法應對出門在外的複雜社會問題，所以制定了與「入則孝」相匹

配的「出則弟」。通過兩者相輔相成的修行準則，共同完成面對家人與社會大眾所應有的道德修養。在家對父母能夠行孝如儀，爲家庭和睦與家人幸福貢獻心力；出門在外能夠不卑不亢地待人以禮，潛移默化著敬老愛幼的社會風氣。「孝」與「弟」共同構成了，兩條腿走路的完美人本教育體系。

　　非常可惜的是，這種適合於所有人的雙管齊下的完美教育。被朱熹先生看成是弟弟專門對兄長應盡的義務，使人本教育莫名其妙地被抹殺爲出不了家門的截癱文化。孔子以其良苦用心的教育方針，被徹底閹割爲毫無用處的「跛腳」教育。使得實施了孝道教育的中國人的孩子在家裡唯命是從、固步自封；而出門在外面對著現代社會爭權奪利的兇險環境中，只能畏首畏尾地迷失在無所適從的尷尬困境中艱難求生。

　　可見，建立一個完美無瑕的教育體系，自然是非常可貴的偉大創舉。而繼承與保持這種完美體系的眞實性，也需要歷代影響深遠的專家學者，具備貨眞價實的眞才實學。才能將古人從道德修養入手，建構起來的一系列完美的教育理念一絲不苟地傳承下來。否則，在一些追名逐利的凡夫俗子的誤解錯釋下，無論如何完美的教育體系，都會被隨波逐流地沽名釣譽的專家學者的標新立異，扭曲

得面目全非。

　　不只是孔子所建立的出門在外的弟道教育本義，在朱熹先生的刻意扭曲下，早已被切割得灰飛煙滅了。卽使是被香港人實施的行之有效的孝道教育，也早已被朱熹先生爲代表的歷代國學大師與專家學者誤解得，只剩下了支離破碎的表象部分，其中的珍貴內涵則早已變形絕蹤了。

　　否則，南懷瑾大師也不會把兄弟之間的團結友愛，剝離於孝道之外，對「天下有不是的父母」的問題而耿耿於懷了。

　　儘管孝道教育早已被剝離的體無完膚，能夠運用孝道教育的香港人的孩子，在家依然具有令人欣慰、非同尋常的良好表現。這就足以證明孔子的教育理念的強大作用力，具有令西方教育無法與之相提並論的非凡績效！我們只需正確解讀弟道教育，並將之落實到實際行動中，自然可以使子女們在步入社會時，同樣擁有非凡的良好適應能力。自然也能爲悲觀失望、動輒輕生的厭世者，指出一條勇於向上、積極拼搏的光明大道！

　　被封建制度濃厚的名利觀徹底腐蝕了的朱熹先生，一心致力於發揚光大封建勢力，所以要特別強調在兄弟之間論資排輩，是導致其自以爲是地徹底篡改了《論語》制定的內外兼修的人本教育的根

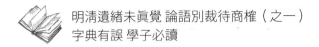

本原因。在荒腔走板地誤解錯釋後，當事人竟然還能夠享譽中國文壇近千年之久。

　　所反映的問題不只是半吊子的宋代理學誤人之深，而且揭示了爲升官發財而讀書的幕後操作，會使大多數汲汲於名利的莘莘學子徹底迷失自我。

　　在舞文弄墨、數黑論黃等遣詞用句諸皮毛文化方面，宋朝大儒們確實是功力深厚、絕世超群。包括發明了摧殘女子包小腳千年之久的，亡國的詩詞皇帝李煜的文采也不遑多讓地冠絕群倫。非常遺憾地是，其聰明才智完全被白白地浪費在雕蟲之技的詩詞小道之中了。如果能夠把沉迷於詩詞的聰明機智致力於治理國家的大事上，何至於落得禍國殃民、國破家亡，最終苟延殘喘到死於非命的可悲下場!?

　　「玩物」喪志之大者，莫過於斯！

　　正因爲宋朝諸多文人沉潛於詩詞歌賦之中，而徹底荒廢了正事。使中國文化道德內涵，自宋儒至今，儒家所遺留的文化精髓，幾乎處於全面崩潰到蕩然無存的死地絕境。以至於在近千年的中國歷史上培養出了層出不窮，不識論語的專家的可哀悲情，以至於神州聖地屢屢被異族接連不斷地入侵欺凌。

　　作爲人類世界第一部道德教育典籍，被肆意篡改扭曲到內容盡

失無遺。在所難免地會嚴重地影響到培養菁英人才的缺失，宋朝之後的國力衰弱到直至滅亡的史實，完全是由不明是非地亂解《論語》，人本教育失敗所致！左右了中國文化近千年的程、朱等大儒之錯，卻由孔子爲代表的傳統文化背鍋，民國學者的荒謬更勝宋儒之過！

　　宋、明、清數代政府治國無方的積弱挨打的殘酷事實，歸根結底是因爲宋儒徹底抹殺了中華民族人才教育的強大作用力。以至於使漢唐盛世就此在神州聖地徹底銷聲匿跡、無由復出的悲慘事實！打著「去人欲，存天理」的理學旗幟，卻不知自律地喜歡養小妾的朱熹。如此口是心非而不以爲恥，難怪所學不實，自然不可能擁有正確理解悟道文化的慧心靈智。

　　民國時期，朱熹的錯誤被現代人有意無意地充分利用放大之後，就成了打倒孔家店的崇洋媚外者批判孔子維護封建專制統治的有力證據了。被魯定公、衛靈公等貪圖享樂、追名逐利，不懂得體恤民衆的封建制度的統治者，弄得無地可棲、無家可歸的孔子。深惡痛絕這些不顧人民死活的混球尚且未及，而只能以禮讓爲國的堯舜爲例，希望能夠使荒淫無道的當權者有所覺悟而回心轉意。

　　《厚黑學》的作者李宗吾先生並沒有發現，「夾谷會」上被孔子弄得灰頭土臉的齊景公與手下官員，因爲懼怕孔子能夠在魯國成功

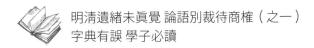

掌權。而以美女、駿馬賄賂魯定公與季氏荒廢了朝政。面對昏庸無能的魯定公，孔子大展宏圖、振興華夏的願望只能因此無疾而終。

心懷被迫離鄉背井的無奈心境，以讚美禪讓帝王權位的古聖，希望通過諷喻當時的統治者能夠改邪歸正。卻莫名其妙地被李先生認爲，聖人要仰仗君主的威力而獲取尊崇。事實與李宗吾的觀感大相庭徑，肆意推崇古聖先賢絕對會被統治者所厭憎，吹捧當代的君主則一定會大獲利名。

孔子不畏強權的作風，使得齊景公與季氏都不敢因材任用就是鐵的人證。也說明了孔子切切實實地做到了視名利，如敝屢的不阿剛正，不屑討好統治者的錚錚鐵骨、亮節高風。

如同現代國家社會擅長阿諛奉迎的奴才走狗，對主席、總統與上司大力恭維吹捧，絕對可以官運亨通；有誰膽敢像孔子一樣在統治者之前極力讚美推崇古代聖人，即使是傻瓜也能看出這是在指桑罵槐地借古諷今。不必擔心被孔子奪權的魯定公，可以恬不知恥地無視孔子有傷尊嚴的譏諷；

遇到心胸狹窄、借刀殺人的曹操之於禰衡；或遭遇唯利是圖的現代政客的兇殘無情。史無前例的無產階級文化大革命，可以使自己的親密戰友莫名其妙地死於政治鬥爭之中。就毫不掩飾地展現

了，缺乏道德修養的古今奸雄皆同，任何時代統治者缺乏道德文明、剛愎自用，都會以各種方式草菅人命，復以剝奪言論自由的無產階級專政掩飾其土匪兇性。

民國時期被崇洋媚外者所誤導的李宗吾先生，對古代人事的認知能力竟然會如此荒謬絕倫，顯示了崇洋媚外會使人正邪不分。

即使是政黨政治的現代，致力推崇古聖先賢，同樣會被看成是蠱惑人心的「亂臣賊子」，扣上反革命的帽子生不如死。為官者輕則會慘遭罷官削職，重則可能被統治者暗殺致死！當權者想要成功地愚弄世人，就要以暗殺無辜的方式為營私設防，喪心病狂地以剷除異己的方式統一思想！

所以，孔子要強調為政以德，才能真正地予人以言論自由！媚外者鼓吹的數千年的民主制度，展現了奴隸們連生存權都沒有。說明了所謂的民主制度不過是在一定的局限中，將搶劫殺戮的強盜特色，改頭換面地以結黨營私的方式明目張膽、冠冕堂皇地吞噬與剝奪貧窮百姓的切身利益而已。

指望某種制度給人類社會帶來自由平等，無疑是癡人說夢！尹清楓先生死於非命，至今連昭雪沉冤都不能，說明了民主制度依然沒有脫離西方強盜文化的匪性！

　　言歸正傳。而今，在大陸上幾乎家家都是獨子，大家都沒有長兄可「事」的情況下。儒家思想的「弟道」修養因爲朱熹先生的一句話，就被弄得蕩然無存了。孔子以其悟道智慧建立的高超教育體系，竟然會變成對今日的中國人百無一用的垃圾！？標新立異地醉心於理學的無明窠臼之中，朱熹先生稀里糊塗地創造的邪說令人震驚。

　　而今儒家思想被崇洋媚外者搞得罪惡滔天，他老先生罪不可逭。

　　師心自用地堅持所紋，不求甚解地亂釋《論語》。不僅會誤人子弟，而且更會遺害無已！

　　近千年來，朱熹使讀書人積非成是。以至於辭海、新華詞典等工具書，統統被朱熹先生的誤解而錯置。對孝弟的解釋無不是，「孝順父母，敬愛兄長」。朱熹先生對中國文化的強大影響力，直接左右了現代專家對古代文化的錯誤認知。也杜絕了傳統文化予人在社會上以謙遜禮讓的道德修養潔身自愛，因而造成了缺乏弟道教育的現代人出門在外，踏入社會時所遭遇的無法融入、處處碰壁的無奈。

　　明清時代的諸子百家，無不視朱熹先生的註解爲圭臬。朱熹先生的名氣完全是由，明清時代以八股文考取功名的文人的盲目吹捧起來的結果。這種盲從心態足以把明清時代的專家學者，培養成讀不懂《論語》的名符其實的書呆子。令人感到最爲荒誕不經的是，

滿清時期，才高八斗、文冠諸子的翰林院大學士周起渭與其授業之師問答的對句中，竟然會以調侃、嘲笑孔子的方式來讚美朱熹。對句為：

眼珠子，鼻孔子，朱子居然高於孔子？

眉先生，胡後生，後生確實長過先生。

像朱熹先生這樣一個，對《論語》一知半解、如假包換的半吊子。竟然會被明清時代名氣顯赫的書呆子視為，比具有「非學而知之」能力的孔子更高的存在。這種一代文人不明是非的胡說八道，居然沒有遭到任何質疑地作為金科玉律被廣泛流傳下來，才是中國文化的大不幸。滿清時期大部分所謂的文人墨客、才子士儒，不僅幾乎個個都是不學無術、自以為是的書中蠹蟲，而且更是民國時期自毀文化潛在的罪魁真兇！

宋朝中期，在封建統治者的推波助瀾下，科舉考試的名利觀催生的讀書人盲目崇拜朱熹，也是造成古代中國文化的失落的根本原因之一。不學無術的文人信口開河、胡說八道地貶謫古代文化的情形，在兩千多年的歷史長河中，幾乎是無時不有、屢見不鮮的平常事。不同的是，唐代之前的文人名利心比較淡泊、道德修養風氣較盛，人們能夠明辨是非，所以不會盲目地被不學無術的半吊子專家

學者的謬論所誤導。

　　宋朝之後中華民族的國力衰微，同樣是對古代文化一知半解的宋儒的邪說謬論得以大行其道的必然結果。當一個國家的文化教育衰落到，專家學者們普遍都在以半吊子的胡言亂語馬首是瞻，尤其是將這些錯誤解讀作爲科考取士的金科玉律時。不僅眞正懂得《論語》，能夠準確地詮釋古文的有識之士會被徹底淘汰。

　　這些眞正懂得《論語》的社會菁英教授的弟子，在被朱熹扭曲了的文意作爲取士標準的情況下，在科舉考試取士的明淸之時，只能含冤莫辯地接受名落孫山的事實！

　　周起渭之類不懂《論語》的半吊子，因爲能夠緊跟朱熹的誤解錯釋，所以會平步青雲。如此汰優存劣的取士方式，不僅國家的政、經大勢會因爲文化教育嚴重扭曲，而發生人才凋零、是非顛倒的衰退結局！官員的愚昧無知、貪得無厭，最終難免會形成魯迅所指責的愚昧現象的社會大觀。

　　問題是：作爲現代文壇菁英應該明辨是非地弄清，被扭曲的中國文化與社會問題的根源之所在，而不應該不分青紅皂白，不辨是非地否定以禮運大同的惠民政策消除了奴隸制度的中國古代！

　　像周起渭這樣舉足輕重的著名文人的毀是積非，會使當時大多

數追名逐利的莘莘學子堅定不移地爲，朱熹先生荒誕不經的偏見汰真存僞！以至於像魯迅這樣的聰明人，都渾然不覺地以顛倒是非方式醜化古人，除了被宋儒所誤導的原因，也歸因於受日本與西方文化影響的流毒太深。

　　正因爲這種剷除了古代文化的尊師重道，所以才會發展到，中國人招來了摧毀獨一無二的人類文明的業報，見證了知識分子自取滅亡地胡鬧。衝擊文人靈魂的革命鬥爭浪潮，顯示了邪惡文化只能培養出造反有理的土匪強盜！

　　宋朝的積弱、明朝的顢頇；滿清的徹底滅亡與中華民國的敗退台灣，都是宋儒開始的書呆子的邪說謬論操控了中國文壇，以至於育人機制徹底癱瘓，高度文明蛻化爲明清帝國與馬列主義的獸性野蠻。

　　被徹底蒙蔽的中國人會不自覺地成爲，現代崇洋媚外的專家學者們混淆黑白、顛倒是非的幫凶，徹底摧毀中國文化的打手。被諸多影響深遠的部分專家胡攪蠻纏之後，想要徹底澄清媚外者塗抹的糞土污垢。就應該對中國文化逐一巨細菲遺地充分論證，儒家思想才不會持續被不學無術的僞儒生，扭曲得面目全非而一無所用！

　　在孔門文化中，「弟」字經常與「恭」字相提並論或聯用。「弟」的實際意義，與通常所說的「兄友弟恭」的「恭」的意思相

同。不同的是，其應用範圍要比恭更爲寬廣。「弟道」修養，乃是無爭、謙恭、禮讓諸方面的道德修養。與老子《道德經》裡提倡的「不敢爲天下先」，有著異曲同工之妙。因爲孔子有「放於利而行，多怨」的告誡，其強大作用力遠遠超越於唯利是圖的西方文化所提出的情緒智商。

「出則弟」，是孔子教育世人走入社會時，面對複雜的人事關係應該具有謙謹地溫良恭儉讓的道德修養，徹底杜絕貪得無厭的強烈欲望。面對不同的人與事，如何與領導、同事以及部下，都要建立良好的人際關係。在進入複雜的社會關係的交際中，以何種虔誠待人的心態面對相關事務。尤其是在面對巨大的利益之爭的誘惑下，需要秉持「君子喻於義」的修養，才能夠充分體現出弟道教育的潔身自愛！

弟道修養的作用，是既可以自保，又可以進取的人本教育。而今，西方的專家學者們發現的情緒智商，也把謙恭看成是高智商應有的表現。然而，這一轟動一時，被西方人視爲圭臬的「重大發現」。不只是遠遠落後我們祖先運用了數千年之久的後知後覺，而且因爲唯利是圖的西方文化驅使下，在你死我活的權利鬥爭中會使西方人發明的這種理念蕩然無存！所以，這種華而不實的東西在利

益至上的西方文化中，難免會灰飛煙滅於無形！

　　情緒智商在無關切身利益的情況下，自然可以被有效地應用在普通的社交場面。而在面對巨大利益的經濟與政治鬥爭中，所謂的情緒智商怎麼可能繼續保持它的原有價值與意義！？在權力欲望至上的政治鬥爭中，不擇手段的陰謀詭計操縱的大選，自然會使得本來就缺乏道德文明支持的，軟弱無力的情緒智商會銷聲匿跡於權利鬥爭之中。歇斯底里地打壓政敵，才是西方文化顛撲不破地爭權奪利的「永恆真理」！

　　為什麼實施了數千年，被大多數人熱烈吹捧的民主制度，無論是文明程度還是經濟發展，都無法與各方面的綜合國力已經沒落的封建統治的宋朝相提並論？貪得無厭地自相殘殺，是西方國家無法正常發展的關鍵之所在。所以，為政以德在任何時代與制度都是不可或缺的永恆真理！

　　到被朱熹徹底扭曲了儒家思想，無以培養人才的宋明時期，加上身為外來統治的滿清，不能充分發揮漢人的智力才情，難免會蛻化到閉關鎖國的保守狀態的積弱無能。所謂的西方文明憑藉著肆無忌憚地在全世界瘋狂地侵略殺戮、大肆掠奪，才姍姍來遲地超越了文化扭曲得所剩無幾、腐敗無能的大清帝國。

　　孔子在《論語‧里仁》篇就告誡世人，「小人喻於利」，這一放之四海而皆準的普世眞理。既適用於農耕時期的古代，同樣也適用於科技發達的現代。發生在世界各地，欲置對方於死地而後快的「殊死鬥爭」的民主選舉，就以勝於雄辯的鐵的事實顯示了，不擇手段地爭權奪利的險惡與瘋狂，足以令現代西方的情緒智商在權力鬥爭中徹底滅亡。取而代之的是歇斯底里地誣蔑誹謗、喪心病狂地陷害栽贓！

　　被視爲世界楷模的美國民主政治模式，在你死我活地爭權奪利中，正在愈演愈烈地成爲政黨政治的政客發家致富的御用工具！選票激發起來的「黑命貴」所縱容的打砸搶，不僅惡劣地撕裂著族群關係，更嚴重地影響了司法制度的公平性。如果任由這種狀態永無休止地持續發展下去，穩定成長的美國經濟會被各種不安因素，拖入暗無天日的無底深淵之中是在所難免的必然歸途！馬克吐溫在其大作《競選州長》中，形象地描繪競選者的卑鄙伎倆從來就沒有絲毫消停！

　　馬克吐溫所反映得問題，並不僅僅是存在於他所經歷的那一民主時期。在競選中無事生非地誣蔑誹謗，造謠生事已經提昇到喪心病狂。無所不用其極地打壓異己的惡劣選舉風向，依然像幽靈一樣，愈

演愈烈地左右著世界大多數國家的民主殿堂。不擇手段地以打壓政敵的方式操控大選，在沉迷於民主制度者所讚美的臺灣，同樣司空見慣、陰魂不散，嚴重地左右著大選的結果，而能夠出乎意料地在一夜間徹底翻盤，都已有著屢見不鮮地勝於雄辯的鐵的事實！

　　孝弟為本所展現的道德教育內涵，由個人修養建立起來的與世無爭的，出門在外的應對社會環境的行為準則，只是非常普通、最最基本的一環。「弟道精神」為國家社稷所展現的可歌可泣的感人事跡，同事之間無私奉獻的溫情友誼。更能夠令人感受到古代中國人的道德修養，大公無私地友情的強大力量！在《論語・雍也》記述了孟之反這個將領，在保衛國家的戰爭中，展現了有關弟道修養的楷模典型：

　　「子曰：『孟之反不伐。奔而殿，將入門，策其馬，曰：「非敢後也，馬不進也。」』」

　　這段文章說的是，魯國與齊人之戰。孟之反所在部隊被敵兵打得落荒而逃。當官兵們都在爭先恐後地逃命的時候，孟之反留在最後拒敵，掩護大隊人馬撤退。在敗兵逃到將近自家的城門的時候，孟之反快馬加鞭趕了上來說道：「不是自己膽量大，不怕死，是自己的馬跑得太慢。」

　　這件事說起來比較輕鬆，實際上在兵敗如山倒的生死關頭，一個個嚇得屁滾尿流、恨不得爹娘多生兩條腿，才是當時與死神奪命的驚懼感受！孔子的弟子——孟之反，以其捨生忘死的大無畏精神，爲了保護自己的同事與部下而故意殿後阻擊敵人。卻謙稱不是因爲自己的英雄虎膽，保護了大家的安全，而推諉於自己的馬跑得太慢。如此功成不居、謙恭禮讓地給足了爭先恐後地逃命同事的臉面，所具有的保家衛國的英雄氣概，自然會得到戰友的赤誠友誼與部下的深切愛戴。

　　當然，這種悍不畏死的捨生取義精神，絕對不會是唯利是圖的海盜式的低級文化所能培養出來的高度修養。這種視死如歸的大無畏精神，只有建立在以「仁義」爲楷模的，視名利如敝履、與世無爭的基礎之上，才能夠把儒家思想的「弟道精神」發揮得淋漓盡致。

　　作爲弟道修養的楷模，孟之反這個名字還會永遠活在，每一個閱讀過論語的中國人的心中，博得後世千秋萬代的稱頌與敬仰。這種英雄事跡足以說明，只有與世無爭的道德修養，才能建立至高無上的高度文明。弟道修養達到了像孟之反這樣的程度的人，不僅不會出現出門在外無所適從的問題，而且可以爲國家與地域贏得殊榮。卽使是遇到了嫉賢妒能的苛刻小人，因爲有廣大的友情支持，

照樣可以自保無虞。

　　經過孝道教育而缺乏弟道修養的一部分人，在生疏環境下，面對陌生的人與事務的時候，往往會因爲不知道如何應對，而出現過分保守、不知所措的拘謹。這類人如果不能在社會熔爐的磨練中，積極學習迅速適應周邊事務的話，往往會錯失良機。以致於虛度人生，甚至是在默默無聞中終老於滾滾紅塵。這種止步不前的保守做法，雖然在步入社會中會出現諸多不適，至少可以自保，且比較不會惹事生非。

　　普通缺乏弟道修養的人，如果在社會上目空一切、耀武揚威。通常會在人際關係復雜的社會中，被碰得頭破血流。輕者事業方面難以開拓，經濟上停滯不前；重者就會嚴重地影響到整個國家經濟的正常發展。包括而今中國電子產業的晶片生產幾乎被斷炊的困境，依然是因爲缺乏弟道修養使然。在晶片製造沒有超越於同行之前，就應該韜光養晦地專注於晶片發展。卽使是產品完全可以自足、羽翼已豐之後，依然要低調行事，才不會引發眾怒被視爲異類所針對。

　　《論語・里仁》篇，子曰：「君子欲訥於言而敏於行」。

　　而今大陸上拍馬溜須的吹鼓手，大言不慚地大力鼓吹「習近平

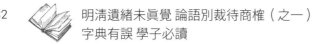

爲亞太各國指明了前進的方向」。

　　在唯利是圖的爭權奪利的民主制度下，沒有哪個國家民選出來的社會菁英，喜歡這種被他人徹底鄙視的無理打壓。巇視鄰邦，只會在自命不凡中樹敵四方。不僅無益於四鄰關係的健康發展，反而會惹得被鄙視者以報復爲念，發洩他們被羞辱巇視的怒氣實屬必然。

　　YouTube一篇題爲《盤點四次外交，外國出盡習的洋相》的影片展現了：

　　「在俄國被普京的核武擴散打臉；在南非隨身翻譯被關在門外；在美國被拜登稱獨裁者，還沉默不語；在越南阮富仲輕慢。」

　　網上一篇配有視頻，題爲：《難得一見：習起身謙恭給他敬酒，後者敷衍了事》的文章寫道：

　　「習近平訪越，在歡迎宴會上，習起身給越共總書記阮富仲敬酒，阮富仲連身都沒起，轉頭跟別人聊天。」

　　給他人指明了方向的結果，竟然是被赤裸裸地羞辱打臉！這純粹是佞人爲害的必然，令總書記盡失顏面。抬轎者的言行惹得鄰國鄙視與反感，就自然會給自己的主子製造不必要的難堪。所以，作爲當權者千萬警惕莫要被手下的佞人所誤導。否則，不僅會引發國內問題叢生，出門在外也會在不經意中，丟人現眼於國際間。

　　《論語・衛靈公》顏淵問爲邦，孔子以「放鄭聲，遠佞人。鄭聲淫，佞人殆」，告誡弟子與統治者，肆意吹捧當權派。不僅會使當權者自我膨脹，誤以爲自己是三頭六臂的混世魔王，夜郎自大地指揮世界大邦，最終只會把國家推向舉世皆敵、衆叛親離的困境之中窒息滅亡！

　　以教師爺的派頭對世界各國指手畫腳地叱咤風雲；自我陶醉、大言不慚地睥睨四鄰，只會把自己在國際上弄成令人憎恨的孤家寡人，佞人爲害之深，超越國界、浩瀚無垠。

　　網上一篇題爲《習總受不了　北京正緊急銷毀》的文章寫道：

　　「北京的《雜文選刊》突然火了……雜誌封面配圖是一隻偉大的手指引著方向，前面卻是萬丈深淵，衆人前仆後繼，奔向深淵。有人留言：『指明了墜落的方向』。」

　　這一切的始作俑者，就是佞人爲害的結果。經濟發展日落千丈，國際關係一瀉千里，轎夫子老老實實地面對現實，才不會引發群情激奮地惹火燒身。面對一蹶不振的國家經濟，竟然還要恬不知恥、大吹大擂地積極宣傳爲他人指明了方向，只能激發輿論的強烈反抗！

　　指鹿爲馬的趙高把胡亥推上了秦王朝的皇位，卻不但使大秦帝國毀於一旦，胡亥也慘遭趙高之手而死於非命；餓死齊桓公的易

牙、開方，同樣在訴說著統治者偏信佞人足以身亡！是以，佞人使主子遭受的無名創傷，更甚於蛇蝎豺狼，掌權者必須隨時都清醒地嚴格提防。禮賢親士、汲取各家之長，才可能在政治殿堂上確保安然無恙。

在毛澤東時代，閉關鎖國的窮共產，與西方沒有貿易往來，自吹自擂地高呼東風壓倒西風，卽使是把牛皮吹上了天，也沒有人會在乎經濟在第三世界墊底的中國夜郎自大地胡說八道。在經濟力量遙遙領先大多數國家的情況下，東昇西降的豪言壯語足以使被蔑視的西方國家警覺到被超越的危機。

所以，任何時代，任何場合弟道都是國、家與個人與社會關係的正常發展，不可或缺的修行美德。

美國之所以能夠在全世界發動起使中國慘遭全方位嚴厲打壓的難堪，也與當今的統治者趾高氣揚地大肆宣揚東昇西降的「豪言壯語」息息相關。這自然會深深地傷害了所有不甘服輸的西方人的自尊心，中國經濟難免會遭遇到西方國家群起而攻之、孤立無援的可悲現狀。

沒有以軍事力量為主的絕對領先的綜合勢力，卻要鋒芒畢露地顯示意欲領先世界地自命不凡。不僅無益於中國在國際上的政治

影響與經濟發展。反而會使以美國爲首的西方國家警覺到經濟發展被趕超的危機感，自然會在政經方面不擇手段地實施各種制約與刁難，造成中國經濟因而止步不前。

　　所以，弟道不只是個人修行的應有表現，經濟與科技領域方面的發展壯大，都要時常保持著這種後不僭先的修養低調發展。才能避免企業與國家經濟被慘遭打壓、苦苦掙扎的局面！

　　氣勢凌人地桀驁不馴，可能帶來慘遭身敗名裂、毀家亡國等無可挽救的慘重損失。

　　相對於謙恭禮讓的弟道的安然無恙，目空一切地驕之爲害的嚴重性不勝枚舉。歷史上此類典型人物有：狂妄自大，受晉君重耳退避三舍，驕縱得不可一世，終致敗亡的楚國元帥成得臣；膽大妄爲，與神射小將養繇基輕狂比箭，大意喪命的楚國叛臣鬬越椒；自以爲是，喪師四十萬大軍，死於紙上談兵的趙國元帥趙括；更有力大無窮、英勇無敵、所向披靡而剛愎自用的霸王項羽；足智多謀、富貴不能淫，威武不能屈的帝君關雲長等人，都是因爲自尊自大，終致輕敵而慘遭敗跡、亡身誤國的可悲下場；而農民軍領袖黃巢、李自成與洪秀全等人在成功之餘，旋即慘遭滅頂之災，無不因被勝利沖昏了頭腦，而遭遇驕兵必敗的必然悲劇。至於普通人因爲格局

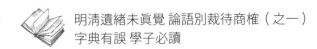
有限，在名利場上鋒芒畢露者雖然不至於因之喪命，因而造成功敗
垂成，更多如牛毛馬鬃。

　　歷史人物如是，現代菁英亦然。諸如，高崗、饒漱石，林彪、
劉少奇，等叱吒風雲的時代名流，大多數都是欠缺弟道修養，而不
知功成身退的趨避之法。毛澤東在「大躍進」招致數千萬黎民百姓
死於非命，眼見自己的經濟政策禍國殃民之後，唯恐被主張以「三
自一包」政策，成功地挽救了國民經濟的屬下奪權。而以文化大革
命的方式，理直氣壯地越過法律程序，終致其時的國家主席死無葬
身之地！

　　弟道修養對出門在外的學子的事業成功，乃至於生存的重要性
不言而喻。反觀唯利是圖的西方文化，所激發的馬列主義「造反有
理」對人類社會的危害，足以使當事人走向萬劫不復之地。國家領導
人會在不知何爲「弟道」的西方文化影響下，成爲「文化革命」中慘
遭殺身之禍的悲劇人物並不意外。這種視道德文明爲無物的打砸搶，
對培養貪官有著立竿見影、無可磨滅的深切影響。唐山官匪肆無忌憚
地公開群毆女生事件，無疑是身爲土匪強盜的共產紅禍的續篇！

　　《東周列國志》中，田子方陳述了驕之爲害：

　　「魏文侯世子擊……遇田子方……擊慌忙下車，拱立道旁致

敬。田子方……傲然不顧。擊……曰：『……富貴者驕人乎？貧賤者驕人乎？』子方笑曰：『自古以來，只有貧賤驕人，那有富貴驕人之理？國君而驕人，則不保社稷，大夫而驕人，則不保宗廟。楚靈王以驕亡其國，智伯瑤以驕亡其家……貧賤之士……無欲于世……武王能誅萬乘之紂，而不能屈首陽之二士……』」

　　像伯夷、叔齊二人這種至死不渝、不以為苦的堅定信念，不是普通人都可以學得來的。而且這種貧賤驕人的方式，同樣會使當事人在人生的旅途上倍感艱難。不同的是，這種視死如歸的涵養難以企及。

　　得勢的富貴者更應該禮賢下士，田子方洞若觀火地揭露了歷史上因為橫行霸道，而慘遭滅頂之災的悲劇人物。「禮教吃人」？究竟是能夠消除奴隸制度的「禮運大同」文化吃人，還是西方國家持續了數千年的，徹底剝奪了奴隸們的生存權的奴隸制度，與殺人越貨的強盜文化吃人？實在不是仇視傳統文化的魯迅可以顛倒是非於永遠的。

　　當國家的社會菁英都在胡攪蠻纏地污衊自己的高度文明的時候，西方強盜的野蠻文化必然會乘虛而入。這個國家就只能被土匪強盜凌辱至死。

　　中國人所面臨的從土匪強盜的打家劫舍、殺人越貨開始，到持續不斷地屠殺百姓與知識分子的各種政治運動，到而今的黎民百姓無辜地死於封城與人爲地淹水，人民不過是土匪強盜眼中的螻蟻，草菅人命展現的正是強盜文化的本來面目！

　　伯夷、叔齊二人拋棄名利的表現，才是中國文化所推崇的獨一無二的高度文明。只有發揚光大我們的固有文明，毛澤東不擇手段、喪心病狂地屠殺接班人，與卸任總理不明不白地死於非命的悲劇便不會發生。這一切都是崇洋媚外者引進了不明是非、不辨善惡的西方文化鼓吹的打砸搶延續下來的必然現象！

　　而今深受百姓歡迎、衆星捧月般的演藝界中的明星。多少人初露鋒芒就博得觀眾的喜愛，其中因爲忘乎所以，而頤指氣使惹得天怒人怨，最終在群情激奮下，招致淘汰而淡出演藝界者不勝枚舉。這些聰明過人的天之驕子如果從小就能夠學習掌握，「弟道」教育的人本修養以謙恭的敬業精神面對社會。頭戴著超越於千萬寵愛於一身的光環，足以使他們擁有一個享盡榮華富貴於終生的幸福人生。

　　「子曰：弟子入則孝，出則弟，謹而信，泛愛眾，而親仁。行有餘力，則以學文。」

　　這句話首尾孔子特意所置看似了無意義的詞彙，乃是需要認

眞討論的重中之重，否則難免會遺留華而不實、似是而非的學術問題，對全篇文義造成難以自圓其說的遺憾，在此有必要予以澄清，才能夠還原文以本來面目。

程、朱等人的解釋是：

「程子曰：『為弟子之職，力有餘則學文，不修其職而先文，非為己之學也。』……洪氏曰：『未有餘力而學文，則文滅其質；有餘力而不學文，則質勝而野。』愚謂力行而不學文，則無以考聖賢之成法……」

這種解釋嚴重地影響了南懷瑾大師對古文的認知，大師在《論語別裁》中的解釋是：

「孔子說，假使一個人對這些都做到了，『而親仁』，再親近有學問道德的人做朋友，『行有餘力則以學文』，做到以後，還有剩餘的精力，然後再『學文』，愛作文學家也可以，愛作科學家也可以，愛作藝術家……那是你的志向所在，興趣問題，可以量力而行，各聽自由。」

「而親仁」這句話，大師因為受朱熹先生的影響，將「仁」解釋為「仁者」。正如古人的解釋「親」在這裡，有代表「近」的含義。但，這句話不是指與有學問道德的人做朋友的事，因為即使是

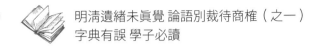

交上了道德修養高的朋友，自己的道德修養卻與「仁」的標準相去甚遠的話，也是枉然，根本就於事無補。

交上道德修養高的朋友，卻未能提高自己修養，這種情況早有先例。

《三國演義》記述的管寧與華歆兩個朋友之間的故事，華歆的惡行並沒有因爲交到管寧這個清高的朋友而有所收斂。貪圖榮華富貴，助紂爲虐、作惡多端，才是華歆的一貫作風。最終追求目標截然不同的二人，只能走向分道揚鑣、割席分坐，不復爲友的結局。說明了，缺乏道德修養的人，卽使是交上有學文道德的人，也未必能夠改變什麼。有人賦詩嘆華歆與讚美管寧，顯示了決定一個人的修養與交友無涉：

「華歆當日逞凶謀，破壁生將母后收。助虐一朝添虎翼，罵名千載笑龍頭。」；

詩讚管寧曰：「遼東傳有管寧樓，人去樓空名獨留。笑殺子魚貪富貴，豈如白帽自風流。」

「而親仁」，是說要身體力行近於仁的修養標準。孔子苦心孤詣、一絲不苟的嚴謹治學態度，卻被現代專家走馬觀花的敷衍塞責扭曲得面目全非了。

　　如此不求甚解的解釋古文，弘揚傳統文化只能是一句空話。

　　因為普通人很難達到「仁」的修養境，孔子弟子中只有一個顏回勉強達標。所以在此孔子也沒有要求學子達到「仁」的修養程度。因為要達到具有「學文」這個修養程度，并不嚴格要求達到普通人難以企及的「仁」的悟道境界。所以，孔子以「孝、弟、信、愛」這幾方面做的都到位，再加上接近於「仁」的修養程度，就可以確定是有「學文」的人。古人認為有學文的人，應該具備上述幾項修養標準。

　　大師認為「學文」就是作文學家、科學家或藝術家的解釋，則完全是與這段道德教育完全無關的霧裡觀花。

　　另外，大師所說的有關向自己的專長或興趣與志向發展的問題。則是每一個人在自己的人生大道上，無論正確與否都是不可或缺的必然取向。無論有沒有剩餘的精力，都是每一個人一生中一定要走的必由之路！其中的差別僅在於，主觀或客觀條件下不得不實施的不同。有時候，是為了生存或者是因為條件所限而身不由己的，去掌握一門並非自己喜歡的專業技術與工作，卻也屬於外因的需要主導了一個人志向的發展。

　　在不同內外因素影響的情況下，兩者的差別往往只在因為個人

能力的大小不一，所取得的成就亦各有不同而已。即使是徹底失敗了，也只能說是能力或時運不濟等各方面原因。甚至可能存在著選擇的方向與道路，與自己的潛力背道而馳的錯誤。只是大師所說的這些性向發展的問題，都與上述孔子所說的道德修養無關。對這些不著邊際的題外話過分糾纏，只能使自己陷入脫離對孔門學文正確認知的迷途上漸行漸遠。

　　特別需要注意的是，解釋這句話的關鍵之處，在於句子開頭所用的「弟子」這兩個字。這段話語是在孝與弟的基礎上具體的服務國家社稷，更爲全面細緻的修行準則。既然是爲社會奉獻的道德教育，就應該是適合所有人的修行法門，而不會只限於孔門弟子的個別群體教育。所以，加上「弟子」這兩個字，毫無疑問是因爲孔子爲防止世人像國學大師這樣，把「行有餘力，則以學文」這句話誤解爲做文章等偏向各種愛好的問題。特意加上「弟子」兩個字旨在說明：最後的「學文」二字與做文章無關，因爲做文章是每個學習文化的「弟子」都必須要做的份內功課。

　　做文章的目的既可以了解每一個弟子，入學前的文化程度，又能夠觀察學後對所學內容的理解能力。也是檢測弟子是否掌握了所學內容，能否有效地在現實生活中處理所遇到問題的不二法門。因

爲在抒發自己的情感與理想抱負，以及讀書心得等各方面的相互交流時，才能夠發現學子所存在的問題。

學子在步入社會爲國家社會服務大眾，都需要擁有一定的文學知識，才有能爲黎民百姓的幸福貢獻心力。了解學子們對文化的認知能力，就需要通過文章來觀察實際情況，才方便根據學子的不同文化程度制定教學進程。

《論語‧先進》篇中記述的內容足以說明問題：

「德行：顏淵，閔子騫，冉伯牛，仲弓。言語：宰我，子貢。政事：冉有，季路。文學：子游，子夏。」

可以看出，做文章應該是，孔門弟子們經常做的事情。只有通過弟子們所做的文章，孔子才能夠發現子游、子夏在文學方面，遙遙領先於眾弟子。否則孔子根據什麼武斷地肯定，誰在文學方面是出類拔萃的佼佼者？所以，「行有餘力，則以學文」不應該是南懷瑾大師所解釋的，有了剩餘的精力，再作學文的問題。而是指一個人在家中與社會上能夠將「孝、弟、信、愛」並達到了接近於「仁」的標準，這種人就是一個有學文的人！

南懷瑾大師在《論語別裁‧學而有何樂》一節中，對於學文也有這種類似的認知：

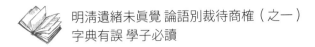

「普通一般的說法，『讀書就是學問』，錯了。學問在儒家的思想上，不是文學。……知識淵博，是這個人的知識淵博；至於學問，哪怕不認識一個字，也可能有學問——作人好，做事對，絕對的好，絕對的對，這就是學問。……」

這段評論學問的話，講得非常透徹與準確無誤。非常可惜的是，在遇到具體問題時，大師卻不自覺地偏離了正題。

「行有餘力，則以學文」這句話中，則以的「以」可以解釋爲「爲」的意思。所以，「則以學文」這句話的意思是，「則爲學文」。以白話文來解釋，可以理解爲「就是學文」。就是說，孔子定義一個人是否是有學文的人，就是從「孝弟」著手，在家孝敬父母長輩，出門謙恭待人；處理問題應該謹小愼微，且言而有信，並能夠以周圍，乃至天下人的利益，爲依歸地以大愛精神面對衆人的標準爲人處世。

如此，將上述各方面都能夠面面俱到的時候。這樣無論是作人的部下，還是作人的領導，亦或是同事之間，都絕對可以游刃有餘地獲得相關階層的愛戴與讚美。對國家與社會就能作出一定貢獻，就是一個學文非常淵博的修行者。這就基本上達到了《大學·章句》所說：「心正而後身修……治國平天下」的標準。修行到這

種程度的人毫無疑問，就是孔子所代表的儒家思想中，所認定的有
「學文」的人。

　　這裡也可以看出，中國古人定義的學文，是從修行的智慧中所
建立的學文。她與現代人以西方文化的觀念定義的學問，是截然不
同的兩回事。西方文化源於形而下學，他們的學問是從學與問的經
驗中獲得。如果這種學問是來源於，像朱熹、胡適、魯迅之流對仁
義孝弟被徹底誤解都渾然不覺地肆意撻伐，就只能發展到以劣汰良
地全盤西化。然後再土匪當家、文革亂殺！學子們就只能成為他們
的爪牙，稀里糊塗地對孔門學文口誅筆伐。

　　所以，古代中國文化的學文是從修行中獲得。而「文」字所
代表的不只是文字與文化，其象形、象義字是由，古之「上」字與
「乂」字的組合，具有以形而上道治理、安定社會的深遠含義。否
則的話，依靠唯利是圖的西方海盜文化發展起來的結黨營私的政黨
政治。黨的利益永遠都大於國家利益，由靠剝奪奴隸生存自由發家
致富的民主專制，而今必然會改頭換面為冠冕堂皇地剝奪民眾財
富，魚肉百姓的政黨政治！

　　《論語・泰伯》：「危邦不入，亂邦不居。天下有道則見，無
道則隱。」

　　這段說教對步入社會的現代人同樣有著確保無虞的重要性！如何履行則是此中的關鍵。子路是孔門弟子七十二賢中的佼佼者，因爲自以爲是地錯誤的忠君思想，對孔子苦口婆心的諄諄教導尚且不能依言而行，況且是普通的愚鈍者，問題就更加嚴重了。在遇到衛國內亂之時，子路徹底忘記了孔子危邦不入的教導，結果毫無價值地死於非命！不能以自己的平生所學報效國家社會，不僅辜負了老師的教導與厚望，也辜負了父母的養育之恩。

　　《人本之益》：

　　中西文化交匯處，智者超然不自誤；孝道拈來傳子孫，材成猶惠及先祖。

　　悲夫弟道遭驅除，在外如迷八陣圖；重振本眞孝弟風，滅絕枉法免貪腐。

　　《弟道教育》：

　　弟道教化早成實，情緒智商何足奇；

　　難免爭權奪利害，仁德教育妙無匹。

　　《朱熹胡釋》：

　　誤解錯釋始朱熹，推波助瀾五四繼；

　　全盤西化育惡棍，唯利是圖孕污吏。

里仁為美意何在
無上智慧因此開

　　「仁」是以孔子爲代表的儒家修養的核心思想，所以，在《論語・里仁》篇，孔子開宗明義地講到，以「仁」爲儒家修行中心思想的目的之所在。絕非現代人所污衊誹謗的腐朽落後，封建專制統治的幫兇打手，等顛倒是非、極盡能事地務必要把儒家思想徹底搞臭的罪惡源頭。在儒家思想中，仁是以超然於世的方式，開啟學子高度智慧的必備修養，正如孔子所述：

　　「里仁為美。擇不處仁，焉得知。」

　　因爲竹書太重的原因，孔子不可能用長篇大論的方法，爲讀者詳細解說包括「仁」在內的每一句古文。而必須精簡爲文言文，就需要讀者自己用心解讀。另外一個原因是，閱讀與理解比較深奧的文言文的內容，須要有「舉一反三」的能力，才可能融會貫通地理解高深層次的悟道者文化。

　　而不會像胡適博士那樣，看到四體不勤、五穀不分，就以爲孔子是他以證據說話、小心求證出來的廢物！如果老先生始終如一地

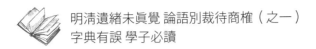

認爲孔子是廢物的話，並非傻子的子路怎麼會死皮賴臉地回訪對自己不屑一顧，羞辱自己的惡劣態度已經到了無以復加地程度的陌生人？在一定的程度上具有未卜先知的先見之明的老先生，又怎麼可能以麻煩透頂的搬家的方式，逃避自己心目中如同垃圾一樣的廢物子弟的拜訪？

　　連證據的眞僞都分辨不淸，胡大博士依靠證據說話的豪言壯語，除了可以騙得大多數知識分子頂禮膜拜之外，又有多少眞實的價值與意義？

　　是小心求證，還是欺世盜名，讀者心中應該有桿明辨是非、公平公正的秤，才不會被不懂《論語》，打倒了孔家店的沽名釣譽者騙得內褲都不剩！

　　如果能夠切實地掌握《論語》，自然能夠具有一定的智慧在日常生活中得心應手地正常運用，不僅會使自己與家人受益無窮。在人際交往與處理國家大事的時候，也能夠明辨是非地看穿各類政客的陰謀詭計，而不會像某位統治者懵懵懂懂地陷入失勢政客的騙術之中，慘遭不法者拿捏驅使，沉淪無已。所以，無論工作如何繁忙，用心閱讀《論語》以自省者，至少在智力方面，絕對會予「身體力行」的當事人有意想不到的巨大收穫！「半部論語治天下」，

並非趙普嘩衆取寵地故意炒作。

國學大師南懷瑾先生在其大作《論語別裁》中寫道：

「……『仁』是什麼？

中國古代『仁』字就是這樣寫：人兩足走路旁加個二，爲什麼不就旁加個『一』？

『二人』是兩個人，就是人與人之間……一個人沒有問題，有兩個人……怎樣相處、怎樣相愛、怎樣互助的問題，就是仁。仁就是人與人之間的事，這是文字上的解釋。」

這種仁就是「人與人之間的事」的解釋，是與孔子所述的「仁」風馬牛不相及的兩回事。人與人之間的事比比皆是，而「仁」人在世界上卻鮮於鳳毛麟角。因爲人之間根本就無法確定會發生什麼事，當然也不必然會是大師所說的兩個人怎樣互動、相愛等問題。現實中，卽使是兩個人從相愛互助發展到情投意合地結婚生子，最終的結果也不一定會完美的事例不勝枚舉。何況可能是敵對關係的兩個人之間，欲置對方於死地的不共戴天，應該是他們時刻不忘的怨念！

南懷瑾大師所認定的，「仁就是人與人之間的事」。那麼孔子所提倡的這個「仁」，根本就沒有絲毫值得推崇與學習的價值與

意義。當然大師所謂的「仁的標準」與「仁的境界」，也不會像大師所說的那樣在「人之間」，被廣泛充分地體現出來。因為人之間即使是能夠做到親密無間的互相幫助的情況，也無法與孔子所說的「仁」相提並論！而且這種密切關係，與「仁」的境界毫無關係！否則也不會只有一個顏淵勉強達到了仁的標準。

　　子曰：「苟志於仁矣，無惡也。」

　　若是以「兩個人」，或者「人之間的事」，來注解「仁」字。則，世界上有太多爲了既得利益，而反目成仇的事例。或者兩個人山盟海誓，最終都可能是見異思遷、勞燕分飛的結果。甚至爲了權力地位，而引發互相殘殺的事例屢見不鮮。所以，這種觀點非但不足以說明，爲什麼志於「仁」就可以實現孔子所說的「無惡」？大師所解釋的這種「仁」的背景，是人人都擁有的最最基本的生活環境，事與願違的是，極少有人能夠達到「仁」的標準，說明了這種解釋不是古人賦予「仁」字的原意。

　　更何況，國學大師這種解釋與「擇不處仁，焉得知？」毫不相干。一個人有沒有智慧與人與人之間，同樣沒有值得肯定的必然關係。即使是與一群人團結在一起，也未必就一定擁有值得肯定的智慧，結黨營私的政黨政治就露骨地揭示了他們的貪得無厭！所以，

「人與人之間」，根本就無法說明一定會達到「處在仁的境界」。
更遑論這種解釋所得出的「仁」，根本就無法與孔子所認定的「里
仁爲美」相提並論。

對於「里仁為美……」朱熹先生的解釋是：

「里有仁厚之俗為美。擇里而不居於是焉，則失其是非之本
心，而不得為知矣。」

南懷瑾大師在文章中批判了宋儒這種觀點：

「『里仁』……的解釋……孔子的意思是如果買房子，或租房
子，應選擇『仁里』

……那麼除了仁愛路，沒地方可住了？……」

「擇不處仁，焉得知？

照三家村學究的解釋就是：『……假使不住在仁里的當中，這
個人就不算有智慧的聰明人。』

……『里仁為美』意思……學問……達到仁的境界……『擇不
處仁』是……沒有達到處在仁的境界，不算是智慧的成就……」

大師認爲，「沒有達到仁的境界，不算是智慧的成就」。智慧
的成就應該不需要靠是否達到了「仁的境界」來確定，世界上所有
的發明，基本上都是近乎於智慧的成就，而這些發明者大都是沒有

達到了仁的境界的聰明人。實際上，即使是達到了仁的境界，與是否有「智慧的成就」，也沒有什麼必然關係。擁有無上智慧的釋迦牟尼佛，不僅沒有大師所說的「智慧的成就」，連在佛教印度的立足之地都被徹底清除得一干二淨；孔子一生奔波、周遊列國，同樣毫無成就可言。

否則不會被擁有所謂的學貫中西美譽的博士，認為是「廢物」一個！

為什麼國學大師會有如此錯的離譜的解釋？歸根結底是許慎在《說文解字》中，誤導了包括南懷瑾大師在內的專家學者。畢竟許慎不是悟道者，以普通人的思想意識，去揣摩悟道者造字的智慧結晶，難免會出現張冠李戴這種似是而非的問題。南懷瑾大師按照這種說法，把「仁」看成是「單立人」與代表數字的「二」的組合。按照象義字解釋的結果，根本就無法說明為什麼孔子要強調「仁」的修養？！

造字聖人發明的「仁」字，並不是許慎所認定的是「人與二」的組合。這種以假亂真地解釋，只會使精明的讀者感到困惑。正如偏信了諸多此類解釋的龍應台教授所說的，古人給了我們半真半假的東西，卻沒有告訴我們是半真半假的東西。龍教授想不到的是，

並不是古人給了我們半眞半假的東西，而是現代專家的許多解釋，基本上都丟失了古人的原意。《論語》的許多內容都被宋儒所誤解，現代專家並沒有還原出孔子所述的內容的眞實意義。

古代造字聖人賦予「仁」這個字的象義，與現代人的認知有著天淵之別的巨大差異。「仁」字乃是立意於古代「上」字的巧妙組合，古代造字聖人以一劃分天地，在「一」的上面加一劃就是古之「上」字；而在「一」的下面加一劃，就是古之「下」字。因爲古代這種寫法的「上」字與數字的「二」的樣子差不多，結果自許愼以來，都把「仁」字的單立人與「上」的組合，誤認爲是單立人與數字的「二」的組合。

「仁」字中的「上」字，代表的是形而上道。古代造字聖人設計象義字的非凡特色，「仁」字表達的是，必須立足於形而上道者，才能達到「仁」的標準。

孔子在《易經‧繫辭》中講道：「形而上者謂之道，形而下者謂之器」。所以「形而上」指的是，脫離於有形有相的形而下的萬有的，一切無形無相的事物。只有這種能夠脫離形而下的名利權勢誘惑的人，才能夠做到殺身成仁、捨生取義這種捨己爲人的高度修養，才能予人以無窮的自由、平等與人權！所以，孔子能夠率先帶

領魯國消除奴隸制度並非偶然；唯利是圖的西方文化實施的民主制度，反而使西方的奴隸制度持續了數千年！

　　認爲制度會予人以自由平等，純粹是崇洋媚外者的胡吹亂捧！

　　那麼這個「仁」與孔子所說的「知」有什麼關係？此處的「知」應該作「智」解。因爲一切形而下的所有物質享受與名利的欲望，都是激發人類的「貪瞋癡」三毒無明窠臼的根源。佛教所說的「無明」，就是「糊塗」、「無知」的意思。儒家立足於「仁」的修養與佛教打破無明窠臼的悟道方式殊途同歸。只有能夠徹底拋棄物質享受的道德修養，才是能打破無明窠臼成爲悟道者。「焉得知」的「知」，指的就是釋迦牟尼佛與孔子、老子等人所擁有的悟道智慧。

　　形而上道的修養可以開發人類智慧，是悟道者的固有特色。釋迦牟尼佛以打破「貪瞋癡」三毒形成的無明窠臼，爲悟道的必要條件。佛教的無上智慧，就是來源於打破了「無知」這個枷鎖；而孔子所說的處「仁」得智，同樣指的是驅除各種貪念，纔能夠擁有「非學而知之」的一通百通的悟道智慧。所以「擇不處仁，焉得知」這句話，就是說想要開啟本性智慧就必須具有，立足於形而上道的「仁」的修養。

　　釋迦牟尼佛以其悟道智慧擁有的神通，卻被愚昧無知的古代印度人視爲騙子，而把超科學的佛教打入了冷宮，佛教只能寄託於中國得以發展壯大。不語怪力亂神的孔子，對普通弟子隻字不提悟道智慧的神通能力。否則的話，儒家思想卽使是不會像佛教那樣徹底式微，恐怕也難免會，在古代卽被各種閒言碎語扭曲得面目全非。

　　網上【鳳凰佛教綜合】一篇題爲：《愛因斯坦最神祕預言：科學的終極歸宿是佛教》的文章寫道：

　　「愛因斯坦說：『如果世界上有一個宗教不但不與科學相違，而且每一次的科學新發現都能夠驗證她的觀點，這就是佛教。』……『佛學這種直覺的智慧，是一切真正的科學動力。世界上如果有什麼真正的宗教的話，那就是佛教。』」

　　誠哉斯言！問題是，爲什麼釋迦牟尼佛能夠擁有如此驚人的高度智慧？對於認爲「人類文化，靠經驗來」的西方文化的認知，這似乎是個無解的問題。因爲現代科學並沒有真正地徹底弄清，如何纔能夠擁有這種直覺的智慧。弄不清楚這個問題，現代人永遠也無法達到擁有「佛學這種直覺的智慧」的能力。

　　西方的強盜文化之所以能夠大行其道，就是因爲他們唯利是圖的貪得無厭，是使他們樂此不疲地互相殘殺的根本原因。不辨善

惡、不明是非，乃是馬列主義能夠正言順地發展光大強盜文化的堅強後盾。全盤西化使得不明是非的中國人同樣把造福人類的希望寄託在土匪強盜身上，結果中國人至今還生活在被徹底剝奪了各種自由的水深火熱之中。

　　處於崇洋媚外的心態，對古代文化一知半解的胡適博士認爲：

　　「西洋近代文明的精神方面的第一特色是科學。科學的根本精神在於求真理……使你聰明聖智……使你勘天，使你縮地。」

　　這種說法與愛因斯坦的認知背道而馳，愛因斯坦認爲，佛教並非是由科學精神而來，其直覺的智慧，是超越一切科學的非凡能力。胡大博士所說的能夠「使你勘天，使你縮地」的並非只有科學，釋迦牟尼佛的「三千大千世界」理論，更加超然於現代科學；孔子「非學而知之」的能力，同樣不是依賴「科學的根本精神」而擁有智慧。

　　認爲科學才能「使你聰明聖智」，實在是崇洋媚外、坐井觀天的自以爲是！如果科學的確是聰明聖智的，諸多科學家怎麼會發明出來連他們自己都後悔的殺人利器？

　　科學給現代人帶來的困擾不勝枚舉，各種戕害人類的毒品層出不窮。毒奶粉、毒魚、毒肉，蔬菜、水果，竟然會利用科學技術摻

毒的方式騙人賺錢。不能理性地爲消費者的健康著想、不顧他人死活的自私自利，與當年大英帝國依靠船堅砲利，販賣鴉片的強搶豪奪有何差異？這算是哪門子的聰明聖智？！

「己所不欲，勿施於人」，孔子教育世人不可以見利忘義的金玉良言，被唯利是圖的科學家徹底忽略。中醫用大麻治病救人數千年，也沒有人拿來圖財害命；大英帝國依靠先進兵器四處行兇。難道這種利用科技損人利己的鄙劣行徑，就是胡大博士所吹捧的「聖智聰明」！難怪勾引恩師女人的胡大博士會被譽爲聖人、導師，其顛倒是非的強大作用力，能夠輕而易舉地把土匪、淫棍打造成國家主人。

科學必須與人類文明與時並進才可能發揮其應有的作用，當人類被打砸搶的馬列主義的強盜文化熏染得貪得無厭時，科學不僅會以鴉片、病毒與高科技武器戕害全人類。更會喪心病狂地以發動世界大戰的方式，攫取統治者的最大利益！具有先見之明的古聖先賢，預見到必須擁有高度修養的道德文明，科學才能夠如願以償地造福人類世界。對易理了若指掌的孔子沒有帶領弟子致力於科學研究，非不能也，實不爲矣。

所以，孔子提倡「仁」道修養，並非現代人所認爲的，孔子在

以腐朽落後的陳詞濫調愚弄世人，而是說明了「仁」是人類擁有非學而知之的無上智慧的必要條件！因爲西方文化沒有通過修行悟道擁有無上智慧這回事，所以西方人對人類文明的認知，至今依然停留在原始社會以「城市」這種物質條件爲文明標準的，落後文化的膚淺認知的基礎上。

可以提昇人類智慧、與世無爭的古代中國文明，則是超然於物質之上建立在道德修養爲基礎的眞正的人類文明。而建立在物質基礎上的文明，都是原始社會發展起來的低級的物質文明。而西方文化至今還在以這種低級文明作爲鑒定人類文明的標準，只能暴露西方文化的膚淺。

愛因斯坦發現了佛教的「直覺的智慧」，徹底否定了西方的經驗積累，使人類認識到胡大博士所鼓吹的唯一眞理，不值一哂。胡適博士所吹捧的「經驗積累」是掌握知識的唯一法門，這種說法無法解釋釋迦牟尼佛與老子、孔子等人，所擁有的悟道智慧對世間萬有的超科學認知！

普通人之所以會作奸犯科、貪贓枉法其根本原因就是，他們被世界上的物質享受所左右。著眼於「金錢名利」等形而下，有形有相的事物之中，就會產生貪贓枉法、予取予求的強烈欲望。這種欲

望就會刺激野心家與不法者不擇手段地魚肉鄉民，乃至以戰爭殺戮等方式禍害全人類！

孔子的儒家思想的道德教育目的，就是要通過脫離形而下的物質享受的高度道德修養，逐步根除貪贓枉法弊端的根源。

孔子「禮運大同」思想的消除奴隸制度，影響著子貢的無私奉獻都眞實地展現了孔子成功的道德教育。在這種高度文明的社會風氣的影響下，當然可以有效地阻止不擇手段地以，殺人放火、販賣鴉片等土匪強盜發家致富的邪惡行徑。更能夠減少貪得無厭地以身試法的各種犯罪行爲，使社會大眾擁有一個安定和美的生活環境。

創立了《梅花易數》，預測了宋朝之後的未來的邵康節先生在其詩中提到的：

「洞徹先天學至深，泊名外物性歸眞。飄然來世飄然去，經世梅花天地春。」

同樣道出了，脫離外物的「處仁」，可以開啟智慧的世間至理！要想洞徹先天事理，就必須要具備淡泊名利與徹底隔絕外來所有物質的影響，唯此纔能擁有預測未來的高度智慧。必須立足於形而上道，纔能夠擁有預見未來的智慧。由此可見，悟道者對終極無上的人類智慧的來源，都有異曲同工的感悟！

　　推而廣之，施予爲政，只有這種脫離物質享受的人，才能杜絕貪贓枉法；才能勇於爲黎民百姓犧牲奉獻；才能眞正地給人自由平等。以造反有理的方式強搶豪奪、爭權奪利的馬列主義，只能給人類帶來無窮災難。凌駕於國家與人民的利益之上的共產黨，就必須以一言堂，徹底控制黎民百姓的自由思想。

　　否則，被共產主義思想熏染的中國，必然要永無休止地不斷繼續革有產階級的命。最終自然就會革到貪得無厭的共產黨的統治者自己的頭上，共產黨不容這種形式的打砸搶。就必須把黎民百姓全部視爲反對黨，成爲共產統治的專政對象。西方文化的馬列主義的邪惡論調，就是如此不計後果、自掘墳墓的荒謬說教！

　　佛教理論認爲，人類的智慧都與釋迦牟尼佛一樣，與生以來就具有本性智慧與神通。因爲從懂事以來，就被貪瞋癡三毒無明屛蔽了人類的本性，以至於大家的本性智慧無從顯現。取而代之的是三毒無明當家做主的結果，凡夫俗子無一不在此類。尤其是特別強調唯利是圖的西方文化，相對於悟道者都是愚昧無知之徒。

　　所以，孔子以「焉得知」直言不諱地揭示了，卽使是聰明如子貢者，對立足於形而上道的「仁」者的智慧，照樣望塵莫及！

　　文王著的《周易》在孔子時代，基本上早已斷層。因爲孔子躬

行於「仁」的修養，具有「非學而知之」的獨特能力。因此能夠寫下「十翼」，作爲世人能夠得心應手地掌握《易經》的預測方法。認爲《十翼》爲僞作的專家須知，沒有人能夠像具有非學而知之能力的孔子那樣，對易理有著了若指掌的深刻認知。

使用竹簡的古人有在書中有添加內容的習慣，書中有作者逝後的內容不足以作爲判斷僞作的標準（以後末學對此有專門討論，此處恕不贅述）。

孔子以「擇不處仁，焉得知」的斷語，毋庸置疑地揭示了仁義道德修養，具有可以提昇智力的強大作用力！可惜的是，被名利思想沖昏了頭腦的宋儒以來的專家學者根本就沒有悟道意識，以至於孔子一針見血地指出的人類智慧的來源問題，不僅被現代人徹底忽視了，而且還把道德文明看成是迂腐落後的代名詞。

《論語・公冶長》一篇，子貢所說的史實値得借鑒：

「子貢曰：『夫子之文章，可得而聞也；夫子之言性與天道，不可得而聞也。』」

南懷瑾大師在其大作《論語別裁》中解釋道：

「以子貢的學問與成就，終於說出孔子的偉大來。他說，我們跟了夫子這麼多年，所曉得的，只是他的文章……子貢在此說，老

師的學問文章，我們都常聽到；可是老師有關於人性的本源，與形而上生命的來源的本體論，以及宇宙最初是怎樣開始的？……這個天道——哲學的問題，因我們的程度還不夠，老師也就沒有跟我們提。」

個別單字，現代人與古人的用法有所差別，字典沒有收錄，並不代表她不存在。因爲南懷瑾大師按照字典與現代人的習慣，把「聞」理解爲單純的「聽」，所以把這句話解釋爲，孔子沒有提「性與天道」的問題。這種說法所形成的半眞半假、似是而非地自相矛盾的問題，使讀者永遠都無法正確認識古代文化。

「夫子之言性與天道」這句話的關鍵是，子貢所說的「夫子之言」這四個字，「夫子之言」的意思就是「孔子講過」。這裡子貢提到有關，孔子所「講」的「性與天道」這個問題的感歎。宋儒程朱等人的解釋同樣認爲子貢聽到了孔子講性與天道，錯在宋儒認爲子貢是在讚揚，孔子所言的性與天道的美。如果確實如此，子貢不會說不可得而聞也的感受。不可得而聞也，這句話說的是形而上道的難以理解，而非聽到孔子的至論而大讚其美的感歎。

南懷瑾大師發現了宋儒的錯誤，卻錯誤地認爲孔子沒有講性與天道。

　　之所以會出現這種錯誤，因爲大師沒有眞正地理解，子貢最後所說的「不可得而聞也」這句話的眞實意義。在這句話裡，子貢明確地指出了，孔子的所教授的形而下學方面的普通知識，他都能夠理解、弄懂；孔子所講的有關於「性與天道」這方面的高深知識，對於沒有悟道的子貢來說，不啻於是聾子聽雷，有如擀麵杖吹火一竅不通的無奈感受。

　　子貢這裡使用的是，可以懂與弄不懂的排比句。把可得而聞與不可得而聞的對比，被理解爲經常聽到，與沒有提及的排比句，不僅扭曲了題意，其中句子所表達的文意之美，亦隨之蕩然若失。

　　這裡的關鍵是，古代這個「聞」字，與字典上聽的解釋有所不同，兼有明白、理解的意思。因爲孔子所講的有關性與天道的問題，是屬於看不見摸不到的形而上道方面的知識，需要有一定的悟性才能理解。而與「仁」的標準相差很遠的子貢沒有悟道智慧，當然也就無法理解孔子所說的內容，所以子貢會有發自內心的「弄不懂」的感歎。

　　凡是在遇到此類不易解釋的內容時，我們就應該通過「以經解經」的方式解釋古文。

　　《論語・里仁》篇，孔子提到「朝聞道，夕死可矣」，這句話

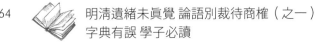

裡的「聞」，與子貢所說的「聞」是同一個意思，都不單純是我們習慣認知的「聽」的意思。她同時含有「明白、理解」的意思，相當於了悟的意思。

因爲「聞」如果僅僅是「聽」的意思，當事人並沒有弄懂所聽的「道」的話。此時的死，與是否「聽過道」根本就毫無差別。這種死自然了無意義，不可能被孔子認爲是，死了都值得的事情。

南懷瑾大師對這個問題的解釋是：

「道，有時候又是指心性而言，是心性的本體，也就是理性、理念的最高境界叫作道。那么孔子在這裡講的『朝聞道，夕死可矣』的道，究竟是形而上的那個道，還是形而下的那個心性的法則呢？無法定論。」

從大師「無法定論」這句話來看，大師並沒有眞正地理解孔子這句話的意思。孔子所說的「道」必然是形而上的「道」，只有大徹大悟了這種「道」，才能夠擁有可以洞察秋毫的無上智慧，才眞正地達到了死而無憾的境界；而僅僅是知道了形而下的心性的法則，在當事人沒有徹悟的情況下。這個時候死，根本就沒有孔子所說的價值與意義。因爲孔子悟了道，擁有一通百通的認知能力，對世界上的萬有達到了若指掌的程度。只有到了這種程度，才可以說

死了都值得。

　　一天的時間，悟道者對世間萬有的認知與收益是無窮的。

　　如果「聞」只是現代人所認爲的「聽」的意思，則，聽道的人何止千千萬萬。對於沒有通曉、領悟「道」的人來說，死了依然是個糊塗鬼，這樣的人死了豈不是白死了？而子貢所說的「聞」的意思，與此處的「聞」一樣，都不單純是現代人所理解的「聽」的意思。所以，解釋古文，一定不要被普通人所編造的字典對文字的習慣認知所局限與誤導。

　　更爲重要的是，大師所說的不提「性與天道」，不符合孔子意識到自己的道統面臨著失去傳承的危機感。看看朱熹徹底扭曲了《論語》的殘酷事實，就不難理解孔子對繼承自己道統的先見之明。所以，孔子會對子貢講「性與天道」，才是合情合理的正常現象；反之，如果孔子不對子貢「講」這個問題，纔是令人難以置信的荒謬事。

　　由非學而知之的能力掌握了高深知識的孔子，自然會希望自己的道統能夠完美地傳承下去。因爲普通學生的理解能力有限，孔子不會與樊遲、子禽等資質不夠的學生講關於，「性與天道」這方面的內容就很正常；而與聰明過人的高材生子貢都不講的話，對希望

　　自己的道統能夠得到傳承的孔子來說，絕對是不可理喻的糊塗事。

　　希望自己的道統能夠得到發揚光大的最好方法，就是找幾個像顏淵、子貢這樣聰明的弟子。專門對「性與天道」巨細菲遺、詳盡地逐一剖釋精解傳授。這就是，子貢必然會聽到，孔子講「性與天道」的根本原因。非常可惜的是，子貢的才智還是處在，「擇不處仁」的「焉得知」的「無知」範疇之內的凡夫俗子。孔子也只能以「天喪予！」的悲痛，來表達顏淵死後自己的道統傳承絕嗣的無奈。

　　如果孔子所講的僅僅是空口無憑的空洞理論，聰明的子貢當然不會輕而易舉地被，孔子華而不實、虛無縹緲的形而上道忽悠過去。所以只是口頭上的訴說，並不能取信於聰明過人、目無餘子的子貢。孔子必然會展現諸如，「不出環堵之室，而知千里之外」等神通，與通過準確無誤的預測示范，來詮釋自己這些能力的由來是通過道德修養，開啟了等同於佛教的本性智慧。自然擁有無上智慧與各種神通，來印證自己具有超科學認知的非凡能力。

　　否則，眼高於頂、自命不凡地聲稱，可以把各國菁英踩在腳下的，傲氣十足、盛氣凌人的子貢。當仁不讓、理直氣壯地以「他人之賢者，丘陵也，猶可踰也」的豪言壯語而自詡地笑傲天下。不會

輕而易舉、五體投地地心服口服於，只知道不著邊際地誇誇其談，被視爲廢物與「好說大話的山野村夫」的孔子。

子貢確實具備這種笑傲群雄的非凡能力，並非是在大言不慚地自賣自誇，而是眞正地擁有並能夠爲各國菁英指出光明出路的獨特見解。這樣的高傲者如果沒有經歷過，孔子驚人的學識。怎麼可能發自內心地以日月的高不可攀，來讚美孔子是自己只能仰望的存在！？

只有在親身經歷過孔子在「性與天道」方面所表現的驚人神跡，聰明過人、傲氣沖天的子貢纔會以高不可攀，來感歎孔子擁有無人可及的高度智慧與能力的事實！而這一切，因爲量才施教的孔子，不會把子貢都無法理解、掌握的「性與天道」傳授給普通弟子。以至於陳子禽等人，對孔子擁有悟道智慧都毫不知情。

所以，儘管是一師之徒，兩者對孔子的觀感卻存在著猶如天淵之別的巨大差異！

凡是形而上的內容，都是無形無相的東西，以普通的學與問的常規方法，根本就無從學得。佛教的悟道者總結的「如人飲水冷暖自知」這句話，可以恰如其分地表達了，體悟形而上道的親切感受。所以，佛教的打破貪瞋癡三毒無明窠臼的理論，是可以與儒家

思想的「仁」道修養互相印證的。

　　若非對孔子的驚人的學識佩服得五體投地，聰明過人、擅長做生意，且有治國大才、名利心較重的子貢。到孔子逝後，怎麼可能還以荒廢六年的大好時光，心甘情願地爲孔子守墓？六年的時間無論是做官高陞還是做生意發財，都可以爲自己的名利或財富的成功之路，奠基出豐厚的強大基礎。

　　不能放棄名利之心、缺乏苦心修行毅力的子貢，無法明瞭地掌握屬於形而上道范疇的「性與天道」，乃是無可避免的正常事。所以，孔子要一再強調「處仁」才能「得知」的重要性。由聰明如子貢者尚且不能眞正地理解、掌握性與天道的客觀事實，道德修養對通曉世間萬有的強大作用力可見一斑！由聰明過人的子貢與孔子的巨大差距，不難看出，現代人所研究的智商，遠遠不足以與悟道者的悟道智慧相提並論！

　　「道當修」纔是掌握，包括《易經》這類「形而上道」學文的關鍵。古代眞正地精通易理的人，之所以具有洞察天機的非凡預測能力，關鍵在能夠立足於「形而上道」。拋棄物質享受的淡泊名利，是掌握易理者的共通特色。那些能夠精準地預測未來者，以他們遠離權力地位的實際表現，在無形中詮釋了孔子所說的，「處仁

得智」的「里仁爲美」的不爭事實！

　　唯利是圖、勇於殺戮的西方文化，不可能認識與掌握易經所展現的眞理，更無法深入地認識到孔門學文的博大精深。像黑格爾這樣的西方專家，僅僅是爲了不甘心西方文化永遠地落後於中華文明，而自以爲是地貶謫儒家思想，不僅是中國文化的損失，也是全世界文化的大不幸！

　　在西方，文化只有一種。就是最基本、最膚淺，人人都可以弄得懂的很容易使人陷入強盜邏輯的唯利是圖的「形而下學」文化。在釋迦牟尼佛所創造的佛教，與古代中國文化中，卻是必須通過修行才可以神會的「形而上道」文化。《易經》就是這種文化智慧結晶的代表作，利用易經，袁天罡與李淳風可以把一千多年後的現代，二戰時期的高科技戰爭描寫的淋漓盡致。他們對飛機、潛水艇以及原子彈的描述，展現了他們如同親臨其境。這一切都充分地顯示了，古代中國文化具有超信息科技的優越性！

　　《孔子家語‧好生》記述得是，道德修養高超的孔子具有天眼通的事實：

　　「子路戎服見於孔子，拔劍而舞之，曰：『古之君子，以劍自衛乎？』孔子曰：『古之君子忠以為質，仁以為衛，不出環堵之

室，而知千里之外……』」

　　在這裡孔子提出了古代君子所具有的透視能力教育子路，在四周封閉的室內，具有可以看到千里之外的事物的能力。釋迦牟尼佛與孔子都具備這種能力，因爲古代文化教育比較落後，大多數人對於未知的事物容易流於迷信。爲了避免對人類文化造成過多的困擾，孔子對普通學子通常是以「不語怪力亂神」的方式，防止學子走入迷信的歧途。而在面對不會被怪力所影響的高材生，孔子還是會盡量傳授一些可以豐富弟子知識的內容。

　　如果沒有達到天眼通這種程度，普通人無論如何也不會想到，人類會具有隔著密不透風的牆壁可以看到，千里之外的事物這回事。如果不是具有這種驚世駭俗的能力，普通人根本就寫不出來這段對話。聰明的子路自然不會輕易相信這種石破天驚的說教，驗證孔子是否有這種能力。是好奇且喜歡質疑老師的子路，會反復求證孔子所述是否屬實，則是毫無疑問的事情。孔子既然能夠提出來，就一定具有令子路深信不疑的實際能力。

　　否則，孔子怎麼可能在喜歡刨根問底，能夠剛正不阿地質疑老師的子路面前，以其本人都不具備的能力，來忽悠自己根本就拿捏不住的這個弟子？

　　在《列子‧仲尼》裡，記述了商太宰與孔子的一段對話，同樣說明了悟道者具有天眼通的能力：

　　「商太宰見孔子曰：『丘聖者歟？』孔子曰：『聖則丘何敢，然則丘博學多識者也。』商太宰曰：『三王聖者歟？』孔子曰：『三王善任智勇者，聖則丘弗知。』曰：『五帝聖者歟？』孔子曰：『五帝善任仁義者，聖則丘弗知。』曰：『三皇聖者歟？』孔子曰：『三皇善任因時者，聖則丘弗知。』商太宰大駭，曰：『然則孰者為聖？』孔子動容有間，曰：『西方之人，有聖者焉，不治而不亂，不言而自信，不化而自行，蕩蕩乎民無能名焉。丘疑其為聖。弗知真為聖歟？真不聖歟？』商太宰嘿然心計曰：『孔丘欺我哉！』」

　　不只是商太宰，沒有悟道的任何人，聽到這種神乎其神的說法，都難免會懷疑她的真實性。能夠棄名利，如敝履的孔子，當然不會為了吹捧沒有人知道的外國人，而忽悠商太宰。因為欺騙商太宰，對發揚光大傳統文化，一點價值與意義都沒有。商太宰當然懂得這個道理，所以才會對列子這樣的道家人物，傾訴以上孔子所說的內容。

　　「真為聖歟？真不聖歟？」與《金剛經》中的「無可，無不

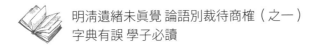

可」，有著異曲同工中妙，都是悟道者沒有任何執著的眞實表現。

有人認爲，這段文章說的是釋迦牟尼佛與耶穌。因爲在孔子與列御寇時代，耶穌還沒有出生。孔子口中的聖人與耶穌沒有一毛錢的關係，現代人的見縫插針的想象力，令人歎爲觀止。問題並沒有到此爲止，更有甚者，有人根據這種錯誤的張冠李戴爲憑證，作爲鑒定《列子》眞僞的依據，未免就過分得離譜了。

現代人牽強附會地將耶穌參合其中，然後把《列子》定爲僞書，這無疑是在偷梁換柱之後，以賊喊捉賊的方式混淆視聽。卽使是作假，身爲作假的人也不會傻到，拿出遲了五百年的歷史人物，讓孔子根據其對社會的影響，疑爲聖人來大肆讚美。看來，關公戰秦瓊這種對歷史一無所知的胡亂撮合，不只是局限於對歷史一無所知的武夫。以顛倒是非叱吒風雲的現代專家，絲毫也不弱於不學無術的民國軍閥。

具有長遠眼光、做事愼守準則的列子這樣的有道之士，不會，也無需用虛頭巴腦的東西欺騙世人。

我們可以由列子的行事作風看其爲人：因爲勤於修道以至於家裡非常貧窮，鄭國宰相子陽派人送來上萬斤谷子，列子卻辭而不受。其妻埋怨列子：「有道的人的妻子都很幸福，我們卻很窮，宰

相給糧又不要，難道命運是這樣的？」列子認爲，子陽並不了解他，只是聽別人說他如何，如果別人說他不好，也會認爲他有罪。普通人會削尖了腦袋往上爬，見利忘義地接受餽贈，列子這種異常的做法頗有「菩薩畏因」的先見之明。

　　後來有人做亂殺了子陽。注重道德修養的古人會把義務看得比生命都重要，子路以愚忠死於衛國內亂，基本上也是被這種思想所影響！所以，古人對子陽賜谷之事的看法是：如果列子接受了子陽賞賜的糧食卻不能爲子陽赴死，則是不義之徒；如果爲子陽而死，則爲死於無道的不智之輩。由此可見，以實際行動做到了安貧樂道的列子，可謂是富貴不能淫、貧賤不能移的眼光遠大的修行者，這種修行者不屑於以弄虛作假的方式欺騙世人！

　　另外，與孔子同時期的佛教不可能在孔子時期就傳入中國。因爲不懂佛法的人不可能神乎其神地將佛法傳入中國；而懂得佛法的人只怕錯過了聆聽佛法的機緣，而不會到處亂跑。更不會在人口稀少，到處都是荒山野嶺、狼蟲虎豹，生命尚且難保的情況下，萬里迢迢到山東曲阜與孔子論道。

　　既然釋迦牟尼佛可以看到地球是高懸在天空，與三千大千世界的事實。那麼，智慧超人具有天眼通的孔子能夠看到釋迦牟尼佛

在印度說法的情形與內容，也不是什麼不可思議的稀奇事。愛因斯坦充分地肯定佛教的科學性，無疑是因爲釋迦牟尼佛擁有超科學的認知能力。具有天眼通的釋迦牟尼佛既然能夠看到佛教在印度的遭遇，而聽之任之。說明了佛教根本就不需要，靠作假的方式來改變什麼。

何況，佛教在印度式微，而且會大興於中國，是釋迦牟尼佛生前早就預見到了的事情。所以，「以空爲法」的佛教，根本就不須要爲他們的知名度去弄虛作假！因爲屬於道家人物的列子喜歡搜集一些有關各種神通的資料。所以，將商太宰與孔子的對話，沒有摻入任何主觀感受，原封不動地如實地記錄下來。雖然是當事人商太宰親耳聽到，孔子對其所提問題直截了當地的回答，卻報以不敢相信的質疑態度。

因爲商太宰不相信，孔子所說的「釋迦牟尼佛」是，超越三皇五帝與三王等人的第一位大聖人。所以，纔會認爲孔子是在騙自己。對於普通人來說，這件事的確是非常離奇。對於「不出環堵之室，而知千里之外」的孔子來說，像釋迦牟尼佛那樣，通過他心通了解佛陀並非奇事！悟道者以本性智慧，具有可以看穿三千大千世界與細菌的能力才能夠寫入經文，並被科學家所肯定，說明了悟道

者的各種神通並非奇談怪論。

孔子周游列國之時，最多進入到楚國與北方邦國的交界之地，當然不可能直接跨越蠻荒進入印度。

在《論語·陽貨》篇中寫道：

子曰：「道聽而塗說，德之棄也。」

孔子不會根據道聽途說，望空撲影地胡亂編造與估評自己並不知道的人與事。面對衛靈公寧肯餓死也要隱瞞自己懂得兵法的事實，說明了孔子對於唾手可得的榮華富貴，尙且毫不在意，當然不會無事生非地胡編亂造對文化教育毫無益處，以大家根本就不認識的人物來刻意欺騙商太宰。所以，孔子會告訴子路道德修養能夠達到，可以看到千里之外的事物，纔算是擁有了眞正的自衛手段。

文化界最可怕的是顚倒是非地污衊誹謗古聖先賢的鄙劣行徑，這種荒謬行爲會徹底摧毀高級文明。比起孔子對人類文明的偉大貢獻與能力，鄙視孔子的現代專家學者們，不過是不學無術、自曝其短的跳樑小丑而已。

只有身在中國的孔子，能夠歷歷在目地看到，釋迦牟尼佛在印度說法的情況時。纔能夠如同親臨其境地認識到，佛教的淨化社會風氣的強大作用力。才能夠以舉世無雙的政治眼光，指出佛教教義

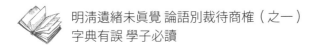

對政治的強大影響力。

孔子對佛教在政治方面的評價，遠遠地超越了佛教徒對佛教於政治方面強大作用力的認知。擁護佛教的教徒們因爲偏重於對悟道方面的修行與理解，沒有任何佛教徒能夠提出佛教在政治方面，對人類社會的強大教化作用。而致力於道德文明教化社會風氣的孔子，才能夠慧眼如炬地把佛教對社會教化詮釋得如此透徹與深刻。如果佛教徒能夠認識到佛教於政治方面的強大作用力，致力於佛教研究的胡大博士不會「理直氣壯」地駁斥，「明心見性，何補於人道的苦痛困窮！」。

佛教這種無人可及的無上智慧，所擁有的超科學能力所看到的事實，卻被後世的印度人徹底忽略而被認爲是不著邊際地胡說八道。蘊含著人類無上智慧結晶的偉大宗教，結果被後世無知的印度人徹底除消。無獨有偶，像無知的古代印度人一樣，中國專家學者同樣以喪心病狂、數典忘祖的心態。在標新立異的崇洋媚外者的全盤西化的口號下，歇斯底里地打倒了，可以開啟悟道智慧的孔門學文。

因爲文化底蘊極其落後，佛教的超科學並沒有給印度帶來立竿見影的經濟發展與效益；儒家思想卻使得宋朝時期的中國經濟，

遙遙領先於世界的非凡績效。中國文化不僅以「禮運大同」的道德文明消除了奴隸制度，而且以其強大的文化基礎實實在在地同化了蒙古與滿洲這兩代，完全占據了中國的侵略者的文化與意識形態。從而使蒙古與滿洲統統都歸入了中國文化的政治版圖，開創了世界侵略史上獨一無二的，被侵略者永無滅亡之虞的絕無僅有的世界奇跡！

　　在強大的中國文化的作用下，被侵略的中國能夠屢次同化異族文化，安然無恙到如今。而身爲占領國的滿洲，卻早已被我們的文化徹底同化得灰飛煙滅了！如此令外國侵略者聞風喪膽的強大的中國文化長城，在洋大人深惡痛絕的邪惡心態下，必欲除之而後快的陰謀詭計的誣蔑誹謗中，成功地引誘了我們崇洋媚外的專家學者們，喪心病狂地成爲外國人意欲摧毀中國文化的有力打手。在全盤西化的無知口號下，我們的祖先敬仰的聖人竟然會被現代專家污衊爲廢物。

　　自毀文化長城的專家學者們，比一千多年前的印度人更爲愚昧無知！在印度早已式微的佛教，能夠在儒家立國的神州聖地大放異彩，當然與孔子所代表的儒家思想教育息息相關。同時也與《列子》所陳述的，孔子對釋迦牟尼佛的充分肯定密切相關，使得中國

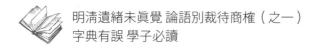

人深信不疑佛教神通的科學性。

司馬遷在《史記・仲尼弟子列傳》中記述的事例，可以看出孔子建立的道的外用：

「子貢作衛國的宰相的時候，帶著車隊去探望原憲。看到原憲貧困潦倒的樣子，問其是否生病。原憲答道：『吾聞之，無財者為之貧，學道而不能行者為之病。若憲，貧也，非病也。』」

子貢羞慚地無言以對，悻悻地不懌而去。這段文章說的是，子貢做衛國宰相的時候，帶著一排豪華的車隊耀武揚威地去看望，自己很佩服、行為清高的老同學——原憲。原憲看到子貢這個排場，心裡很難過，認為子貢的行為偏離了老師「君子食無求飽，居無求安，敏於事而慎於言，就有道而正焉……」的教誨。

為黎民百姓著想的官員，不應該勞民傷財地大搞排場。揭示了，孔子的道德修養教育，具有制約鋪張浪費，減少貪贓枉法的巨大影響力。

認為孔子為維護封建專制制度，追求個人名利、官迷心竅的登徒子的現代專家。純粹是在胡攪蠻纏地污衊誹謗儒家思想，以實現其摧毀中國文化的目的而胡說八道！

集外交、政治、經濟於一身、聰明過人的子貢，並沒有脫離物

質享受的誘惑。所以，子貢對孔子所說的「性與天道」一竅不通。原因無他，不能立足於「仁」道修養的子貢，無論如何聰明絕頂，也無法與孔子相提並論，當然也無法膺任孔子博大精深的文化傳承。

《西方哲學史・第十三章　柏拉圖見解的來源》：

「……和……哲學家相同，認為閒暇乃是智慧的主要條件；因此智慧就不能求之於那些……不得不從事勞動的人們，而只能求之於……那些由國家來負擔因而不必為生活擔憂的人們……

……我們假設有『智慧』這樣一種東西……是不是就有……一種憲法形式可以把政府交到有智慧的人的手裡去呢？……有沒有任何人主張把政府交給大學畢業生，或者甚至於交給神學博士呢？……

……找出一群『有智慧』的人來而把政府交托給他們，……這便是要擁護民主制的最終理由。」

西方人連是否有智慧都弄不清楚，更遑論如何能夠弄清楚智慧的來源問題。不能理解孔子「擇不處仁，焉得知」的道理，西方人永遠也無法建立可以啟迪無上智慧的高度文化。大學畢業生與神學博士等人，不過只是比普通人多學了一點知識而已，貪贓枉法上諂

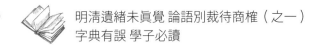

下瀆的情況，並不會因爲有了知識而有所改變，卻可以因爲有知識與聰明過人，而能夠文過飾非得天衣無縫。

　　不只是悟道需要有高超的道德修養，維持淸明的政治同樣需要具有高超的道德修養。缺乏道德教育的西方人永遠都不能擁有眞正的智慧，所以才幼稚地以爲大學畢業生與神學博士可以成功地管理政府。

　　妄圖以這種方式改變社會風氣只能說明西方文化的膚淺，以此作爲對政治問題的認知，不過是處於原始社會對知識分子的盲從而已。而今大學生多如牛毛，幾乎個個都超越了大學生學歷的統治者。無處不在的貪贓枉法的社會現狀與靑少年犯罪造成的混亂不安，說明了文化程度並不能改變唯利是圖的政治弊端。

　　閒暇之所以會被認爲是智慧的主要條件，是因爲奴隸制度造就的無所事事的統治階層中，一部分人在數理化方面取得了一定的成就，西方人把這種學識稱之爲智慧，就足以證明西方根本就沒有眞正的智慧。所以，才以假亂眞地把聰明譽爲智慧，卻不知，眞正的智慧是要有一通百通的非學而知之的悟道能力。

　　佛教與悟道者的智慧，則與外物毫不相干。恰恰相反，執著於學術方面的研究，同樣屬於悟道者必須打破的無明窠臼。所以，西

方滅絕人性的奴隸制度才會持續數千年。

　　奴隸制度的閒人多如牛毛，理化方面的創造屬於奇技淫巧。奴隸制度的統治者養成的好逸惡勞，更容易走向貪贓枉法的歪門邪道！這就是西方文化爲什麼至今還在以，原始時代的識字作爲定義文明的膚淺認知的錯誤定義。

　　數學與各種科學技術的發明，對於奴隸制度下，閒得無所事事的西方人來說，雖然算得上是收穫頗豐。這些著眼於科學研究的專家學者，享受著奴隸們的勞動成果，卻看不到剝奪了奴隸們的自由平等的滅絕人性。因爲對慘絕人寰的奴隸制度熟視無睹，造就了貪得無厭的西方文化缺乏同情心。以至於無法建立道德文明的西方人，反而更加沉迷於以互相侵略的戰爭殺戮的方式攫取最大利益，其對人類社會造成的互相殘殺的死傷損失，遠遠超越於微不足道的科研成績！

　　國家需要具有「禮運大同」思想的無私奉獻的人來領導，而不是單純具有知識就可以勝任的。

　　現代的民主制度選舉出來的幾乎個個都是有知識的菁英，孔子所說的，「小人窮斯亂矣」卻是貧窮國家的通病。以識字與城市等物質條件作爲確定文明標準的事實，說明了西方文化的幼稚。這種

文化至今還在主導著西方國家結黨營私的邪惡政治，才是人類社會的最大不幸！

佛教的「空」，與儒家的「仁」，這兩大流派分別以其異曲同工、殊途同歸的修行方法，才能夠擁有非學而知之的無上智慧。西方人只有弄清與掌握了這種高層次的修行方法，才有希望使人類邁入君子喻於義的高度文明！

壓根兒就不懂得「非學而知之」的知識來源的西方文化，不僅無法與儒家思想相提並論。而且會一直犯著丘吉爾所說的「要讓美國人醒來，除非讓他們把所有的錯誤都嘗試一遍」，實際上即使是嘗試過他們也未必會醒來。馬克吐溫所反映的污衊誹謗的惡劣事實，至今依然在操縱著美國大選所謂的正義。結黨營私、爭權奪利的民主制度，永遠都不可能改變官員們拉幫結伙、沆瀣一氣地貪瀆的事實。

子貢以他自己所擁有將包括越王勾踐、范蠡，齊相陳恆等各國菁英，玩弄於股掌之間的高智商。從入學開始感覺自己已經超越了老師，經過反復比較之後，最後發現自己距離孔子的高度智慧的認知能力，根本就不屬於同一個層次東西。所以自然而然地產生出發自內心的敬仰，才能夠深切地認識到孔子與自己存在著天淵之別的

巨大差距，兩者的智慧不可同日而語。孔子是不可超越的存在，是以子貢纔會死心蹋地的對孔子佩服得五體投地。

二零二一年五月十五日【萬維讀者網】一篇題爲：《錢穆：西方先進的該學，但絕不能跟著西方學做人》的文章寫道：

「……中國文化精神最主要的……看重如何『做人』；西方文化看重如何『成物』。因此，中國文化更重在『踐行人道』，而西方文化則更重在『追尋物理』。

……西方的人卻並不都可愛，甚至是可怕……只要他們所到，便可使這個地方窮而弱，甚至亡國滅種……

……只要西方人所到，便舉世不安。……西方人的力量……西方人自己也受不了，於是乎纔有第一第二次大戰。……西方人創造的物固可愛，但西方人究是可怕……」

誠哉斯言！值得慶幸的是，在中國並不全是崇洋媚外的洋奴賣國賊，還有錢穆先生這樣眼光敏銳，能夠洞察秋毫徹底地看透了西方文化本質的智者。非常可惜的是，這樣的棟梁之才畢竟太少，以至於全盤西化的邪說把中國弄得雞飛狗跳，而且堅持這種邪說的人，可以竊取導師、聖人的光榮稱號，才是最可怕的是非顛倒！西方人的自相殘殺、販賣鴉片都是這種「追尋物質」的貪得無厭造成

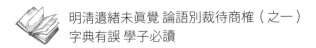

的。而今中國人的官商勾結、貪贓枉法屢反不止，也必須從道德教育著手，杜絕西方唯利是圖的邪說！

《文化失落》：

許愼說文解字錯，仁義無端變水貨；

半假半眞從此始，儒家因而是非多。

《行仁悟道》：

道德教育在啟智，擇不處仁焉得知；

一以貫之悟者具，一通百通非學及。

凡夫俗子經驗議，大地學說象桌奇；

上下虛空有誰知，釋迦了悟超科技。

《非學而知》：

非學而知孰能及？本性智慧無與比；

博大精深悟道立，悲夫印度佛學失。

《德育啟智》：

道德修養可啟智，德必有言語中的；

經驗累積凡夫見，慘遭迫害哥白尼。

《德育神通》：

道德教育仁義行，智慧無窮蘊其中；

莫道腐迂誣先賢，鄙夫孰解聖者情。

明心可見下虛空，肉眼孰識細菌蟲？

俗子無知謂撞騙，式微佛教冤難清。

中西兩曆鑒
該過哪個年

　　這篇文章主要針對字典對曆法文化缺乏正確認知的問題，適逢
其會地正值拙作完稿在新年將卽的初冬之時。

　　希望讀者能夠徹底拋棄，五四以來令人迷思的西方文化，四千
多年前的夏朝老祖宗發明的曆法，才是無遠弗屆、千秋萬代到天老
地荒，都永遠襯托著造福於人類世界無可取代的完美曆法。

　　藉此祝賀各民族，所有參與過夏曆年的中外朋友，歡天喜地地
過個名副其實地能夠爲我們展現：吉兆高懸、瑞祥普顯，充滿無限
希望、身體健康，前程似錦、幸福快樂！寓意深遠的夏曆新年！

　　《辭海》注釋的元旦爲朔日，《新華字典》以陽曆爲元旦，
明明白白地顯示了就此與朔日無關，除了標誌著西曆年的第一天，
任何意義都沒有。民國開始西方的洋曆的一月一日，卻以劣幣逐良
幣、以假亂眞的無知蠻幹，取代了夏曆的元旦。卻不知西曆年的月
與元旦，都與月亮無關，更與朔日不沾邊。

　　因爲西方人所制定的月分的大小，不過是隨意而爲的卽興之

作。所以，字典稱之為陽曆實在是過分地抬舉了西方人對曆法的認知。因為它無能襯托時光所展現的「陰」的特色，所以字典應該稱之為「洋曆」卻是恰如其分的真實定位。

如果夏曆年的年、月、日、時，與人類的生活、健康與命運，毫無關係的話，我們大可放棄我們祖先發明的超科學曆法。管它西方文化的年是什麼東西、有無意義，跟著洋大人稀里糊塗地過與我們的命運毫不相干的西方元旦。隨波逐流地幫洋大人長臉，也算是對支持西方文化所做的一點貢獻。

問題偏偏是，夏曆的月與日與人類的健康和命運息息相關；而膚淺的西方文化所建立的洋曆的月與日，與人類生存的一切都毫無關係。所以，在這種兩者有著天淵之別的巨大差距的情況下，我們依然堅持棄自己的瑰寶、舔洋大人的狗屎的取捨，實在是大錯而特錯的失智選擇。

人類在地球上生存，影響著人類生活、作息的太陽、地球與月亮，共同主宰了人類的健康與命運。不懂人類的生活健康與月亮的存在有著密切關係，西方人發明出來的除了方便記憶時間，與人類的生存毫無關係的洋曆，有什麼資格取代我們悟道的祖先所建立的，與人類的幸福息息相關的夏曆？！

　　元旦有三元的含義，卽歲之元、月之元、日之元，而與月亮毫無關係的洋曆新年，根本就不配賦予「元旦」的桂冠，民國以來的新華字典卻盲目地稱之爲「元旦」，實在有欺世盜名、名不副實地侮辱「元旦」之嫌。

　　月亮從夏曆元旦的朔日開始，從無到有、越來越大；正值冬去春來的美好時節，天氣越來越暖和；大地回春、欣欣向榮，到處是一片生機盎然，象徵著幸福美滿。

　　西曆年一月一日的冒牌「元旦」，經常會出現元旦適逢夏曆十五的月圓之後的情形。像今年洋曆元旦是夏曆的二十日，接下來出現的是月亮越來越小，夜間越來越昏暗的逆景。洋曆年不僅無法給人類象徵著幸福的吉兆，反而是與新年大家期盼的吉兆相反的晦氣。以之取代曆法科學程度高超的中國年，並寄予良好開端的新希望的話，必然只能是事與願違！

　　另外洋曆年的新年定位在，小寒之前的五六天。接下來的天氣則是，越來越冷的小寒，進一步到萬里冰封的大寒時節。這種看不到任何生機的，萬物蕭索的冰冷時日，世界是萬物消沉、一片死氣。實在與被人們寄予厚望的新年，所應有的良好先兆背道而馳的不吉之覘。可憐的、堅持全盤西化的中國人，崇洋媚外伊於胡底！

　　王安石在其《元日》七絕中，描述了自古以來我們的祖先就著重於精神方面，寄予新一年的嶄新希望的迎接新年的歡樂情景：

　　「爆竹聲中一歲除，春風送暖入屠蘇；千門萬戶曈曈日，總把新桃換舊符。」

　　王安石的文采也難免落於玩文喪志之列，否則其人品與政績不至於一無是處！一個不能從百姓的實際感受，作為施政要點來回應民之所求，不配為黼黻皇猷的名相。自以為是地大刀闊斧的改革，最終卻是民不聊生所激發的貧窮百姓群情鼎沸地怨聲載道的結果；揮兵王師氣勢洶洶地討伐邊寇，造成的卻是大宋將士死於非命的兵燹之禍。宋室大軍慘敗的喪師辱國，黎民百姓無以安生的流離失所。

　　王安石不顧後果地胡亂創新的政策實施，造成的卻是畫餅充飢，餓殍遍野的悲慘事實。

　　如果這也值得歌功頌德的話，歷史上沒有給國家帶來災難的屍位素餐者，都可以引以為傲地為自己樹碑立傳了。

　　王安石辭相之後，見有人留詩譏諷其喪子果報：

　　「文章謾說自天成，曲學偏邪識者輕。強辨鶉刑非正道，誤餐魚餌豈真情。奸謀已遂生前志，執拗空遺死後名。親見亡兒陰受

梧，始知天理報分明。」

「菩薩畏因，凡夫畏果。」是人世間顛撲不破的永恆眞理。這一眞理不過是「種瓜得瓜，種豆得豆」的，因果定律的必然。

由此，我們也可以觀果知因，從結果中發現種因。現代人爲了達到標新立異的目的，喜歡以爲歷史人物翻案來嘩衆取寵，或是在爲自己的所作所爲制造脫罪憑證。除非當事人有能力徹底篡改掉既有的全部歷史，否則，歷史本身所記錄的史實，就是不可改變的最有力證據！徒勞無益地爲千古暴君翻案，不過是太阿倒持授人以柄的自曝其短。

部分專家學者因爲王安石標新立異地創新、改革而肯定王安石的事功，令人不敢認同。評價古人，不僅要看他做了什麼，更要弄清其作爲對黎民百姓是利還是害、是福或是禍的後果！就像被部分現代人吹捧的法家鼻祖——商鞅，以連坐罪枉殺無辜，最終招致五馬分屍的惡報，實在是惡貫滿盈的必然下場。

子貢對國家無私奉獻的大同思想，忽略了他人的感受，都會對贖回奴隸造成不良影響。所以，沒有高瞻遠矚的長遠眼光，剛愎自用地一意孤行，難免會弄得黎民怨道、百姓遭殃。

這些人的所作所爲是在福蔭他們的子孫，還是在禍殃他們的後

代。並不是單純靠喜歡以混淆黑白的方式，標新立異的個別媚外專家學者的主觀意識而能夠徹底改變的事實。因果報應絲毫不爽地在他們的子孫後代身上，所發生的無窮災難，就毋庸置疑地揭示了，這些人所作所為的善或惡的屬性！不是崇洋媚外的專家學者信口開河地胡說八道，就可以理直氣壯地完成使渣男變聖人於永遠的淫亂說教！

　　另外，可以預測到千年之後所發生的事物的真相的，《推背圖》的火眼金睛對王安石的評價。也不是單憑個別人結黨營私、嘩眾取寵的狡辯，就可以以假亂真到顛倒是非的程度的。《推背圖·第十九象》值得一讀：

　　「眾人囂囂　盡入其室　百萬雄師　頭上一石。」；「朝用奇謀夕喪師　人民西北盡流離……」

　　所說的就是王安石用得盡是奸猾小人，死死地壓垮了百萬雄師。最終會發生黎民百姓與大宋將士慘遭，死於非命的沉痛悲劇也就在所難免了。如果這種邪惡政治的主事人依然被現代人所推崇的話，則千萬無緣無故地死於惡政之下的黎民百姓，就應該活活地成為王安石成名的犧牲品？如果為王翻案者是其時上百萬喪生的軍民中，死者的至親好友，也同樣會慷慨地為鄙夫喝彩的話，則夫復何

言？！

　　在儒家思想中，知人是道德修養高超的仁人君子，所應有的必然能力之一。喜歡使用小人對事務的認知處理問題的王安石，道德修養與施政能力可想而知，最終會招致喪師百萬的可悲下場也就在所難免了。采用「奇謀」的決策，不僅徹底暴露了大宋紙老虎的底氣。而且把自己的無知暴露無遺，勝於雄辯的鐵的事實徹底揭示了，王安石不過是擁有小聰明，喜歡自命不凡、剛愎自用的登徒子而已。

　　王安石同時代的蘇老泉觀察人事的銳利目光，不是只能走馬觀花地單純從個別人對歷史人物的評價，膚淺地認識古人的現代人可以企及的。蘇老泉對王安石的評價顯示了，他們之間必然有一個是沽名釣譽的奸詐小人。這兩個人之間究竟誰眞誰假，社會上各執一詞地辯解，並不足以作爲蓋棺論定的標準。由「凡夫畏果」的簡單道理，通過這兩個人各自的子孫的興衰的實際情況，就不難得到正確答案！

　　以顛倒是非的卑鄙手段迷惑世人，結果慘遭禍殃子孫、終致絕後的惡報的，在現代文化史上則屢見不鮮。

　　能夠教育出蘇軾、蘇轍、蘇小妹一衆龍鳳之才的子女，獲得

「一門三蘇」的光榮稱號的福報。顯示了蘇洵父子舉世無雙的文學成就與實際能力，其博學多識與「知人」的非凡聰明才智絕非徒有虛名。由蘇洵父子擁有中國文化史上不可多得的才幹與名聲的殊榮。可以確定蘇洵如果是靠誣蔑誹謗、招搖撞騙，得以發家致富的無恥之徒，不可能有如此福報；從王安石給其子帶來的惡報，可以確定蘇洵的《辯奸論》之正確無誤！

　　「身在公門好修行」說的是，大權在握的領導者如果能夠有效地實施利民政策，很容易造福地方百姓，福蔭子孫的果報之說因此而生；反其道而行則必然會禍害一方，兒孫俱全的王安石竟然會慘遭斷子絕孫的惡報。則是在以鐵的事實說明了，在王安石權傾朝野的改革中，使眾多的死於非命者的業因所致的報應。這一切的固有史實展現的是與非，並不會因為標新立異的個別現代人的強辯而變味。

　　為曹操、秦始皇翻案的專家學者，應該看到這些古人的子孫後代的報應，就知道這些唯恐天下不亂、嘩眾取寵的無理取鬧者是在枉費心機地胡攪蠻纏。標新立異地為他們翻案，只能造成不辨是非的天下大亂！不只會孳生出顛倒是非的學術偏見，最終難免會把自己埋葬在人類文明的垃圾堆裡，遺臭萬年！

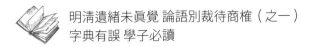

　　無獨有偶，因爲全盤西化使得近代人徹底失去了明辨是非的能力。胡適就任北大校長、中華民國中央研究院長等職就說明了民國時期，文化教育界對知識分子認知的失察。

　　如果胡適的確像其時的文化界所吹捧的那樣，胡適爲了國家的巨大貢獻，應該能夠福蔭子孫才是，怎麼反而會慘遭斷子絕孫的惡報？

　　觀果知因，在任何時代都是顛撲不破的永恆眞理，各代胡作非爲的歷史人物都沒有逃脫這個歷史規律，胡適當然也不會脫離這個範例之外！

　　西方文化的膚淺實在是駭人聽聞，種瓜得瓜，種豆得豆的普世眞理，在西方居然會被徹底忽略！否則，種惡因求善果的馬列主義這種徹底違背因果律的邪說，怎麼可能在西方國家盛行一時？

　　因爲西方壓根就沒有道德文明教育，加上數千年的相互侵略殺戮形成的強盜文化，嚴重地誤導了西方人對事務的正確認知。大多數人都沒有能力識別馬列主義邪說的眞僞，稀里糊塗、天眞地以爲，搶劫殺戮可以給人類帶來自由平等與幸福。

　　馬列主義才能夠在西方盛行一時，就是因爲西方源自於侵略殺戮的強盜文化，是不辨善惡、不明是非，不畏因果的強食弱肉、唯

利是圖的野蠻文化。

　　可憐的西方人不知道進一步深思熟慮，新興的資產階級繼續搶劫殺戮，國家只會沉淪到一無所有的窮途末路；就此停止搶劫殺戮，則不勞而獲的新的統治者無疑都是頤指氣使的土匪強盜！自古以來，就沒有土匪強盜能夠造福人類的先例。同樣是土匪強盜出身的馬列主義的信徒當然不可能給人類帶來幸福。蘇俄徹底垮臺的鐵的事實，實實在在地陳述了馬列主義的荒誕不經。普京的野蠻侵略烏克蘭，更加毫不掩飾地刻劃著馬列主義土匪強盜的醜惡嘴臉！

　　馬列主義，惡因善臆，種豆得瓜，荒謬無稽。

　　全盤西化，毛共濫殺，斷子絕孫，胡適禍家。

　　小心求證？欺世盜名！自毀長城，洋奴犬鷹。

　　文化復興，匹夫有責，齊心協力，根除邪惡。

　　無視因果報應的絲毫不爽，以考察蘇俄的方式為馬列主義背書；「萬惡淫為首，百善孝為先」，勾引恩師情婦的胡適，把惡發揮的淋漓盡致！不要兒子孝的教導，又將中國人的善徹底拋棄。

　　斷子絕孫實在是胡大博士禍國殃民的現世報！

　　打倒孔家店、為馬列主義背書的胡適的賣國行徑，對中華民族的巨大傷害遠甚於害死了岳飛的秦檜。引進了強盜文化的全盤西化

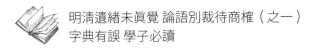
以來，可憐的中國人也與西方人一樣，不辨是非、不畏因果地爲胡
適歌功頌德，演繹著現代文化的無知！累計近億中國人在共產黨的
各種運動中含冤喪生，現代人依然不能反省胡適的邪惡，至今崇拜
不輟，才是摧毀了道德文明的中國文化的最大悲哀！

言歸正傳，詩中的桃符是百姓寄托著新的一年的吉祥如意。
「元旦」是數千年來中國人的祖先對「新年」第一天的稱謂。寄托
於新年會給大家帶來美好希望的光輝前程。這也是每一個中國人的
共同願望，因此，什麼時候過年的取捨，則是與黎民百姓的福祉息
息相關的民生大事。所以，孔子會在「爲邦」——如何建立好一個
國家這個問題中，提出夏朝曆法的科學性，與其對人類社會安居樂
業的重大意義。

《論語‧衛靈公》記述的：

顏淵問為邦。子曰：行夏之時，乘殷之輅，服周之冕，樂則韶
舞。放鄭聲，遠佞人。鄭聲淫，佞人殆。

正如國學大師南懷瑾先生在其大作《論語別裁》中，所說的：

「……什麼叫『為邦』？就是如何好好地建國。……

孔子告訴顏回，國家政治要乾得好，就必須『行夏之時』……
就是夏朝……的曆法。

　　……般商的正月建丑——以十二月作正月。周朝的正月建子，以十一月作正月。夏朝的正月建寅……這就是『夏之時』。……

　　……我們……這些老古董，……都喜歡過陰曆年。……

　　……月亮名太陰，所以叫陰曆。……一年……，二十四個節氣。什麼節氣種什麼農作物，……民間最普通的算命、看風水、選日子等等，也都是用太陽曆的法則。……」

　　誠哉斯言！美中不足的是，曆法不只是大師所說的文化方面的問題。而是關乎到我們中國人的祖先在建立曆法的伊始，就發現了太陽與太陰共同地，影響著人類生存與生活的科學性問題。不像西方文化那樣是單純地以，洋曆所設定的十二個星座，來確定人類吉凶禍福的方法。

　　西方人這種簡陋的算命方法，是名副其實地有掛一漏萬之嫌。這種極其簡陋的算命方式，使得全人類只能算出沒有年齡差別的十二種不同的結果，即每組的數億人口被西方文化賦予了同樣的命運。

　　把人類的命運以十二個月，籠統地劃分為十二星座的算命方式，是徹底忽略了月亮對人類的巨大影響的殘缺不全的片面認知。儘管如此，西方的報紙每天都會不厭其煩地詳細報導，各種星座老

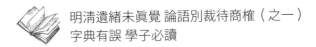
少通吃、婦孺皆然地被列出了，僅僅存在著十二種不同月分差別
的，當天各自的同一時運，也頗有吸引讀者的特殊作用。

　　讀後不禁令人莞爾，眞實人生的際遇何曾如此千篇一律過？足
見西方文化預測命運方面的膚淺薄弱！

　　此外，不知道南懷瑾大師何以把選日子、算命等說成，都是太
陽曆的法則。因爲太陽與太陰（月亮）共同主導著人類的生活與作
息，自然會深切地影響著人類的健康與命運。所以中國人的算命、
批八字，使用的都是由太陽與太陰共同主導的夏曆時序。如月分與
日期，就完全是按照月亮的朔望確定的，而且夏曆的月分與日期與
洋曆毫無關係。配合出生時辰，由節氣所確定的陰陽五行，對不同
命運影響的作用力，確定了當事人於不同年齡的不同時運。而西方
人使用單純的洋曆星座預測運氣，則是完全與年齡、時辰無關的膚
淺算命方式。

　　另一方面，如果我們僅僅是以大師所說的，以「自己喜歡過陽
曆年還是陰曆年？老實說，都喜歡過陰曆年」

　　以「喜歡」這種感情化的方式來發揚光大傳統文化，實在是難
以服人、自曝其短的跛腳想法。堅持過陰曆年的心態，不僅予人有
喜歡感情用事的非議。而且會被認爲是墨守成規、食古不化的，封

建遺緒的反動勢力在興風作浪的不良觀感。不僅無益於中國文化的復興，反而更容易被崇洋媚外者所否定；不僅無益於傳統文化的光大，還會引發無情撻伐。

以不肯包容西方曆法的反科學的，固步自封、腐朽落後等藉口肆意打壓。我們空有超越西方的優良文化，卻因為舉世無雙的獨秀一枝而只能慘遭自我抹殺！

在全世界絕大多數人普遍都過洋曆年的情況下，如果我們只是根據個人的喜好這個理由，作為堅持過「新年」的取捨。在大勢所趨之下，過不了多久，夏曆年就會被大多數人都認同的洋曆年徹底淘汰！所以，如果沒有一個從科學領域支持我們過夏曆年的科普知識。掌握在少數中國人手裡的真理，也難免會因為喜歡標新立異的崇洋媚外者，為了迎合洋大人的口味，汰優存劣地將之徹底拋棄！

地球的自轉與太陽的照射，加上月亮的作用，形成了晝夜的循環，相對於數十億年的歷史長河，這個循環是無始無終的。西方人使用的記日與月的方式，是毫無科學道理可言的隨意而定的淺陋曆法。早在四千多年前，我們的祖先就已經在按照太陽、地球與月亮，三者相對位置的變化，以月亮形成的朔、望來確定每個月的初一、十五的科學曆法。不只是夏曆是由太陽與太陰共同合成的曆

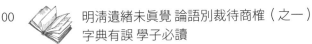

法，殷商與周朝的曆法也統統都是這兩者合成的結果。

差別在，商、周這兩個朝代負責曆法的專家，並沒有眞正地認識到，夏朝曆法的科學性。而是按照自己的意願，想當然地改變了對正月的定位。如此標新立異地修改古代曆法，除了反映商朝與周朝的專家學者主觀意識上，存在著濃厚的反科學氣息。也徹底地暴露了，對事務與科學的認知能力並非後人一定會超越先人，聰明的先人的寶貴遺產照樣會被無知的後人所篡改。悟道的孔子爲我們確立了，遠遠早於周朝一千多年的夏曆，纔是最爲科學的寶貴曆法。

衆所周知，地球繞太陽一週爲一年；地球自轉一週爲一天；月亮圍繞地球一週爲夏曆的一個月。因爲地球繞太陽的因素影響，現代科學實測到，月亮繞地球一週的時間是二十九天半有餘，所以夏曆的每月只有二十九或者是三十天。因爲每年月亮在經過十二次圓缺之後，還會剩餘十餘天，所以就有每三年會多一個閏月，每十九年就有七個閏月。可見，四千多年前的夏曆，與現代科學所實測的數據毫無矛盾地不謀而合。

因爲月亮有閏月的關係，夏曆年表面上似乎存在著比較大的差別。實際上因爲節氣所保持的每年的時序不變，這個差別被每年立春的交節所定位，所以地球圍繞太陽旋轉所確定的節氣，始終保持

著地球圍繞太陽旋轉同步的狀態，展現了中國古代的悟道者對天文科學的正確認知。

　　因為我們四千多年前的祖先建立的曆法，其中的日與年的來源，是根據太陽與地球的相互關係所確定的；而其中的月，則是由太陰——月亮與地球的相互關係所確定的。由此可見，近代人把我們的祖先所建立的曆法，稱之為「陰曆」，是以偏概全地錯誤的說法。新華字典有責任予以明辨是非，不容以假亂真、取劣汰優的污穢，瘋狂地在神州聖地持續施為。

　　因為由太陽與太陰合成的完美曆法，不應該取此捨彼地以偏概全。錯誤地稱之為「陰曆」，完全是為了迎合西方沒有陰曆，只有被盲目地稱之為「陽曆」的跛腳曆法的相對稱謂。

　　為了區分有別於西方與「太陰」毫無關係的純粹的太陽曆，而將陰陽俱全、完美的夏曆稱之為陰曆，實在是崇洋媚外者無能伸張正義，削足適履地自貶科學成就的偽命題。在科學發達、太陽與月亮毫無神祕可言的現代，中國的專家學者反而要以劣汰良地磨滅自己曆法的科學哲理而媚外，實在是全盤西化的荒誕不經，自殘方式自毀文化的貽害！

　　西方人根本就沒有通過月亮的圓缺，來確定月分與日期的科學

曆法。他們只有地球繞太陽旋轉與地球自轉，形成的這種單純由太陽自身確定的年與日的曆法。他們對月分制定，卻與月亮的存在毫無關係。在毫無科學依據的情況下，只是爲了方便記日，而隨意地把一年分成了參差不齊的十二份而已。

由此可見，西方曆法與他們與普通動物手抓食物的生活習慣一樣，遠遠落後於中國文化數千年。不同的是，文明使他們脫離了普通動物的生活習性而變遷；在曆法方面卻依然是守缺抱殘地裹足不前。所以說，悟道文化與凡夫俗子所建立的普通文化，不可同日而語！

將中國的曆法稱之爲「夏曆」，則是反映曆法來源的合理稱謂。因爲中國曆法中，獨一無二的二十四節氣，形象地陳列了氣溫的變遷，使大家能夠意識到預防寒暑對健康的影響。另外諸如谷雨、芒種等還具有提示農人耕種的作用，爲古代人的謀生提供了積極的指導功能。

我們將夏曆稱之爲「農曆」，同樣有以偏概全之嫌。因爲她並不是專屬於服務農業的曆法。夏曆並無害於工業時代的今天的正常應用。而西方人所使用的曆法，則壓根就沒有時令與節氣。所以，洋曆不具備爲人類的健康與農耕生活方面的福祉，有何貢獻的實用

價值與意義。

　　自從辛亥革命推翻了滿清的統治，建立了中華民國。中國人開始使用公曆，我們的「元旦」被西洋曆的一月一日取而代之；我們使用了數千年之久的夏曆的正月初一被改稱為春節。問題是，因為公元前四十六年羅馬統帥蓋厄斯‧儒略‧凱撒所建立的，曆法「儒略日」，只是反映了太陽與地球的相互關係，而徹底拋棄了與人類生活影響巨大的月亮的簡陋記日工具。

　　夏朝科學地建立的曆法，展現了祖先在天文這方面的巨大成就。較之西方人的至今還在使用的簡陋曆法，我們使用的卻是足足領先了全世界四千多年的，獨一無二的充滿了科學成就的最完美曆法。民國時期的全盤西化的口號，使中國人逐漸疏遠了自己的完美曆法所建立的，意義深遠、充滿希望的新春佳節。如此捨棄了自己的祖先以其高度科學所建立的完美曆法，擁抱西方人膚淺殘缺的曆法文化，纔是中國人最大的悲哀地對自己超科學的高級文明，實施西化式愚昧無知地自我殘殺！

　　直到今日，西方人使用的簡陋曆法，不僅與「月亮」毫無關係。卽使是每個月應該是多少天的劃分，也是毫無科學依據地率性而為的隨興之作。因為建立西方曆法的古代西方人對天文科學的認

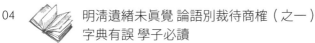

知，只限於太陽與地球的相互作用。卽使是科學技術突飛猛進的現代，西方人的曆法至今依然是處於，殘缺不全、尚未脫離低級的原始文明的固步自封狀態。

西方人的曆法與文化遠遠落後於中國並非偶然，哥白尼之所以會被西方宗教所迫害，根本原因就是西方人的科學太過落後！以至於他們誤以爲哥白尼的科學推理，是在胡說八道。否則的話，基督教怎麼可能去做這種與科學發展背道而馳的傻事！畢竟，迫害哥白尼並不能改變自然科學所反映的事實，卻徹底暴露了其時基督教的統治者的愚昧無知。

從夏、商、周三個朝代對曆法的演變來看，被後代淘汰了的古老事務，未必就是腐朽落後的東西。文化精髓被糟粕所取代，卻是荒謬不爭的事實。孔子並不像現代白癡所污衊的那樣，一味地做著食古不化地復古的糊塗事。而是非常精明、理性地把古代文化予以正確推理，對不同朝代的文化優點，作了最合理、恰當的取捨地糾偏。才是能夠奠基中國文化經濟，遙遙領先世界數千年的卓識遠見！

《百家講壇》馮時教授在一篇題爲《中國古代的天文與人文》的文章寫道：

「中國的天文學一直都被認為是巴比倫天文學東傳和影響的結果……現在天文考古學……中國的天文學在公元前四千五百年……已經……形成了相當完備的體系……」

誠哉斯言！中國古代的天文科學由我們的曆法可見一斑。孔子認爲夏朝時所制定的「正月建寅」最科學！此際草木與諸生物生機盎然，象徵著一年之計在於春的萬物復蘇。非常可惜的是，自毀文化長城的專家學者們，在否定文化的同時，連自己悠久的天文科學的結晶也徹底否定了。

諸如夏曆這種遠遠超越於西方，蘊含著高度天文知識的曆法；虞舜時代的樂風等中國古代的高度文明。都因爲現代人反傳統而徹底泯滅，這種做法根本就是在與科學背道而馳的盲從心態作祟的胡作非爲！

對國家社會、黎民百姓的幸福生活，有著重大意義的過「新年」，這個可以給大家在新的一年會帶來美好希望的非凡時日，自然是特別值得慶賀的人生大事。因爲，在這一每個人的一生中，大多數都只能歡度數十，極少數個別人可以擁有百次以上的特別時光。當然值得作爲當事人的大家，爲了自己美好的人生的未來，應該予以愼重選擇對待。

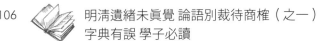

　　因爲太陽與月亮影響著人類的健康與生活，反映的是與命運息
息相關的事實。凡是可以給人們帶來希望的時日，往往都會隱含著
良好的先兆。「一年之計在於春，一天之計在於晨」，這句俗語說
明了，春天在一年中的重要性。而「夏曆」所定位的由月亮確定的
元旦，正是令人們充滿了希望、萬物復蘇的，立春前後的朔來晦去
之日。

　　一個先兆沒有希望、前程渺茫的新年，是何等愚昧的遴選。
西方人過年的時間，令人莫名其妙地恰恰就選擇了缺乏生機的這一
天。俗話所說的「三九、四九，棍打不走」，就是大陸北方寒冬時
節的眞實寫照。

　　所以，西方文化建立的洋曆年這個年，以西方人的習慣，作爲
應酬性的交際來使用尚可。

　　保持這種跛腳曆法至今還不知悔改，才是西方文化的最大悲
哀。

　　因循守舊莫若洋年；汰良取劣孰如今賤！

　　中國人應該徹底剷除西化的不良影響，才能夠完美地保持四千
多年前，我們的悟道祖先所掌握的高深科技，所建立的完美的曆法
的光榮傳統。若以全盤西化的無知口號，把「洋大人」粗製濫造的

低劣的曆法，作爲人類科學的指南，而取劣汰良地鏟除我們的傳統曆法，只能貽笑大方於全世界。所以，中國人切勿以全盤西化的白癡口號，把崇洋媚外者心目中的「洋大人」缺乏深入科學研究的粗製濫造的低劣曆法，視爲座右銘，膜拜不已。

　　我們的祖先建立的博大精深的古代中國文化，科學與理性地爲我們的農業立國與四季寒暑對健康的影響，都有著豐富的科學養生理念，爲原始社會的人類福祉做出了重大的貢獻。現代中國人卻對寓意深遠的夏曆曆法的認知越來越膚淺，長此以往難免會被西方文化的曆法所熏染。

　　任憑這種反科學的情況繼續無限發展，最終會使這一領先人類世界的完美天文曆鑒，慘遭徹底滅亡地毀於一旦，則是絕非臆測遐想地杞人憂天。

　　俗語說「佛要金裝，人要衣裝」，衣服可以提昇大家的精神面貌，乃是大家毋庸置疑的共識。想靠衣著來改變一個人的素質，則是白日做夢的癡心妄想。國家的人民打扮的如同乞丐、或是赤身露體，不僅無益而且有損於國家與個人的形象，也無益於子孫後代健康地成長。所以孔子會把衣著作爲施政的一環，訴說著民族精神在治國方面的道理與意義。具有五千年歷史的紡織機械，實在不是持

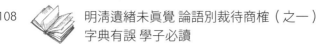

續了數千年的草衣獸皮的西方文化可以與之相提並論的！

把影響到精神生活的衣著與聲樂等，統統作爲國家社稷安定發展的重要一環。卽使是在科學發達的今天，依然是不可或缺的必要施政重點。

現代中國人引進的西方文化弄得衣不遮體地花枝招展，甚至有視裸體爲藝術的胡攪蠻纏，難免會淫欲色情自由的無限泛濫，可以無限地培養出縱情淫欲的淫婦、渣男。卻爲正常的個人與家庭幸福，以及青少年的學習教育方面帶來了無窮災難。

這一切，都與儒家思想的道德教育，被徹底砸爛息息相關。

《推背圖》之所以會把民國時期，中國的專家學者們倡導的學習西方的主張，稱之爲是「中國這個文化巨人，在學習西方這個小孩子」的白癡取向。儒家思想的道德文明教育在消除奴隸制度方面，展現了充滿人性關懷，古聖先賢衆生平等的眞正博愛，旗幟鮮明地襯托了西方文化滅絕人性的奴隸制度的奴隸們被剝奪了生存自由的悲哀！

全盤西化的豪言壯語把中國人變得野蠻獸性，官匪一家的貪官污吏把中國陷入到罪惡淵藪之中，正是西化引發的西方海盜文化血腥的侵略殺戮，衍生的共產革命、階級鬥爭，在神州聖地霸道橫

行！

　　孔子把曆法這種關係到農業經濟發展方面，起著主導作用的天文科學，加上可以提昇工作效率的便捷運輸工具，放在治國大計的首位。因為擁有高效率的運輸工具對商業經貿的快速發展，有著不可忽視的重大意義！巴西國家地大物博，經濟卻無法步入先進行列，除了包括家庭社會在內的各方面教育有所不足之外，也與國家極其嚴重地缺乏先進的鐵路運輸網路，而只能無奈地依賴成本昂貴，效益低落的公路運輸息息相關。

　　在治國任用人事的具體細節方面，孔子再以「放鄭聲，遠佞人」來告誡世人。國家要想興旺發達地正常發展，就必須杜絕色情泛濫；「遠佞人」的重要性，可以與建立實施完美的治國方略相提並論。同樣會關係到國家的生死存亡，當權者自然需要嚴謹地端正，選賢與能的用人立場。

　　聰明如名聲顯赫的戰國時期的第一位霸主齊桓公者，在管仲先生耳提面命地告誡下，最終還是被開方、易牙之流的佞人忽悠到活活地餓死的地步。遠佞人的重要性絲毫不弱於擁有完美的治國方略，關係到一國之主的生死存亡，使人需要嚴肅地端正用人立場！

　　因為在治理國家大事中，佞人之害實在令人嘆為觀止。如果精

明的齊桓公能夠像管仲與孔子那樣，對文化政治具有精闢無訛的見解，明察秋毫地遠離易牙、豎貂等諂媚小人，怎麼會發生被慘遭餓死的悲劇！？害死伍子胥的佞人伯嚭，使得吳王勾踐國破家亡；趙國的佞臣郭開賣國求榮，爲秦國驅除了強敵廉頗，再害死李牧；趙王遷敗降亦難免一死。漢朝最終的滅亡也是宦官之類的小人當道，改變了歷史的典型事例！

　　鐵的事實證明了精通易理的孔子的先見之明，絕非不懂得下一刻會發生什麼事情的，西方文化培養出來的，現代教書匠教條主義的空談可以與之相提並論的。能夠洞悉《易經》的孔子，早已把戰國時期之後的各個朝代，興衰的演變看得一清二楚。因爲被女樂所惑，西戎被秦穆公所滅；魯國喪失了稱霸諸侯的良機。以及吳王夫差被臥薪嘗膽的勾踐所滅，都是沉迷於類似「放鄭聲」的宣淫惹的禍！

　　等而下之，諸如隋煬帝荒淫無道地迅速滅亡；攻克明朝成功入京的李自成；與太平天國的洪秀全的最終失敗，都與義軍頭領沉迷於色情淫亂息息相關。孔子在簡單地回答弟子的問題中，所陳列的治國的幾個關鍵事項，無一不是會影響到一個政權的生死存亡的大問題。

　　孔子能夠敏銳地發現會使政權徹底滅亡的關鍵，這種眼光獨到、洞若觀火的預見能力令人望洋興歎！

　　能夠以漢朝歷史爲鑒、運籌帷幄的諸葛亮，也通過史實在《出師表》中告誡後主劉禪，要「親賢臣，遠小人」，結果依然無濟於事。愚昧無知的劉禪，在小人黃皓花言巧語的蠱惑下，把西蜀的大好江山乖乖地奉獻給了北魏。通常是能說會道的佞人纔有能力興風作浪、禍亂國家；或者能夠騙得博士學位的登徒子，才有能力禍國殃民。遇到劉禪這個白癡，像黃皓這種不學無術的小人，同樣可以將之忽悠成階下囚！

　　《兩曆迴異》：

　　西元旦後小大寒，萬物凋零氣蕭然；

　　此際無能蘊佳兆，天冰地凍寅反覘。

　　黎民福祉予人間，夏曆吉祥如意鏈；

　　嫩綠生發春曉倩，朔來晦去迎新年。

國家圖書館出版品預行編目資料

明清遺緒未眞覺 論語別裁待商榷(之一) 字典有誤
學子必讀／于棟軒著. --初版.--臺中市：樹人出
版，2024.6
　　面；　公分.
ISBN 978-626-98148-4-8（平裝）
1.CST: 論語 2.CST: 注釋
121.222　　　　　　　　　　113003587

明清遺緒未眞覺 論語別裁待商榷(之一)
字典有誤 學子必讀

作　　　者　于棟軒
校　　　對　于棟軒
發 行 人　張輝潭
出版發行　樹人出版
　　　　　412台中市大里區科技路1號8樓之2（台中軟體園區）
　　　　　出版專線：（04）2496-5995　　傳眞：（04）2496-9901
出版編印　林榮威、陳逸儒、黃麗穎、水邊、陳婷婷、李婕、林金郎
設計創意　張禮南、何佳誼
經紀企劃　張輝潭、徐錦淳、林尉儒
經銷推廣　李莉吟、莊博亞、劉育姍、林政泓
行銷宣傳　黃姿虹、沈若瑜
營運管理　曾千熏、羅禎琳
經銷代理　白象文化事業有限公司
　　　　　401台中市東區和平街228巷44號（經銷部）
　　　　　購書專線：（04）2220-8589
　　　　　傳眞：（04）2220-8505
印　　　刷　基盛印刷工場
初版一刷　2024年6月
定　　　價　150元

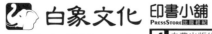